清水とみか
SHIMIZU TOMIKA

元気スタッフの育て方

プレジデント社

はじめに

「いらっしゃいませ、こんにちは！」

どこのコンビニの店舗でも、店内に入ると必ず最初にスタッフが発するこの一言は、すべての接客のスタート、お客さまとコミュニケーションを始める入り口となる挨拶です。

みなさまが日頃よく利用なさるコンビニでは、この挨拶、きちんと聞こえるでしょうか？　店員さんがこちらを見てしっかり迎えてくれるでしょうか？

自分がお客さまの立場に立ったとき、「どうせコンビニなんだし、便利であれば、別にどんな言い方をされても気にしない」という人もいるかもしれません。

でも、コンビニはいまや水道・電気・ガス・交通網などと並ぶライフラインの1つだと言っても過言ではありません。その地域のみなさまにとって、気軽かつ重要な役割を担っている大事な存在であると考えます。

だとすれば、やはり、立ち寄ったときに心地よい空間であってほしいと願います。極端な対比ですが、無愛想で挨拶がないお店より、笑顔の挨拶があるお店のほうが、気分がよいと感じませんか？　ちょっぴり嬉しくなりませんか？　「雰囲気のいいお店だな」と思いませんか？

当たり前のことですが、一つひとつの接客は「自分がされたらどうか？」を感じることが出発点であり、お客さま

が主語でなければなりません。どんなことをするにも、人と人がふれあうときには必ず相手がいます。相手、つまり受け手であるお客さまこそが主語であり、すべてに決定権を持っていらっしゃるのです。

行動する主語はお店のスタッフですが、判断する主語はお客さまです。「自分がこうしたいからこうする」ではなく、「お客さまがこうしてほしいだろうからこうする」という視点に立ってすべてを行なうこと、それがコンビニを含め、業種業態にかかわらず、店舗で働く全スタッフに求められます。

このように考えれば、「お客さまが気持ちいいから笑顔で挨拶をする」ということが理解できますよね。笑顔の挨拶で1人でも喜ぶお客さまがいらっしゃるのであれば、我々接客の仕事に従事する者がそれをしない理由はないのです。

私は本書を通じて、お客さまと接するこの仕事においてもっとも大切な"根っこの部分"をお伝えしたいと思っています。

全国のローソンで働くみなさんの基本姿勢に置き換えると、「笑顔で挨拶すること」「はいとハキハキ返事をすること」「心をこめて感謝やお詫びを伝えること」、これだけは最低限、みんなで実行したいです。

しかし、どんなに私が大声で叫んでも、実際にお店のみんながやってくれなかったら、私は何も言っていないのと

同じです。どうお話すれば、理解して動いていただけるか、考えた末に導き出した結論は、時間がかかるとしても、「また言ってる！　本気なのかも？　しつこいからやるか！」と思っていただくまで、何回も何十回も、いえ、何百回も、同じ基本をずっと言い続けることでした。

　"根っこの部分"というのは、行動のベースになる理念や想いです。この共有なくして、方法論やノウハウばかりを格好よく話したところで、人は本気で行動してくれません。

　表面的に何度か言われた通りにやりますが、そこに心はありません。簡単なきっかけで、すぐに止めてしまいます。「いちいち面倒だからもういいか」と１度でも思ってしまったら、続かなくなりますね。行動は心のアウトプットだからです。

　その行動の理由をきちんと理解していたら、オーナーや店長の「こんなお店をめざしたい」という想いをちゃんと知っていたら、そのためにやっている自分の行動に意義を感じることでしょう。その結果、知識やスキルとしてしっかりと身につけていくことができるのです。

　本書では、実際にあったエピソードや、私が日頃行なっている研修プログラムを交えながら、"根っこの部分"をお伝えいたします。私はコンビニという業態に身を置いていますので、エピソードや事例はコンビニを舞台にしています。研修を受講くださったみなさまから「今日の話を１冊にまとめてほしい」というご希望をいただくこともあり、チ

ャレンジいたしました。
　何より、日々お客さまと接するローソン店舗のオーナーさん、店長さん、クルーさんに心から感謝と応援の気持ちを届けたくて、自分で本を書いて出版することを決意いたしました。
　ですが、ベースの考え方は、どんな業種業態のお店でも変わらないでしょう。ぜひ、本書を手に取ってくださったみなさまご自身のお仕事に置き換えて読み進めていただければ嬉しく思います。
　コンビニのエピソードは、非日常の世界ではなく、普通のことかもしれません。それこそ、大きく感動するような素晴らしいドラマなんて、毎日は起こりません。
　でも、小さくて些細な出来事の中にも、物語があります。人と人のふれあい、ちょっとした優しさ、心にともる温かい灯り、そういうところからコンビニストーリーは生まれます。
　お店で働く読者のみなさまに、「そういうことってあるある！」「そうだよね、だから今日もがんばろう！」と、ほんの少しでも共感いただき、より素晴らしいお店づくりの一助になれば幸いです。

2018年1月

　　　　　　　　　　　　　　　　　　　　清水とみか

目次

はじめに ... 2

序章
「いいね!」と思われる お店にするために ... 11

- 「なんかいいな!」と思うお店って、ありませんか? ... 12
- 毎月9000人が入れ替わる店舗経営の難しさ ... 15
- 全国の店舗を飛び回る日々から見えてきたこと ... 19
- 日本中のコンビニを「また来たいお店」にしたい! ... 21
  - ローソンで本当にあった話
    オーナー夫妻に育てられた愛子さんの物語 ... 25

第1章
笑顔と挨拶が自然に あふれるお店をめざす ... 29

- 挨拶の徹底で、お店の空気は変わります! ... 30
- 雰囲気がよく居心地のよいお店とは? ... 34
- 「笑顔」という行動で、心の中にある想いを表現しましょう ... 38
- ステキな挨拶、5つのポイント ... 43

笑顔トレーニングで笑顔の練習 — 47

自然に笑えない日も、意志の力で笑顔になれる — 51

目が合ったのにそらすのはもったいない！ — 54

分離礼と同時礼を使い分ける — 57

 ローソンで本当にあった話
 誰からも愛される店長あつこさんの物語 — 61

第2章
おもてなしの極意 — 65

たった1店舗での体験が、チェーン全体の
イメージに置き換わります — 66

ゴールデンルールとプラチナルール — 69

「セールストーク」ではなく、
「お知らせトーク」＋「おすすめトーク」です — 72

買うか買わないか、決めるのはお客さまです！ — 75

物の魅力と人の魅力 — 77

あなたのお店にお客さまが来てくださる理由とは？ — 81

絶対にはずせない、前進立体陳列 — 84

〝ちょっとしたトラブル〟でも真摯な対応を — 88

「おもてなし」は接客だけではない — 91

 ローソンで本当にあった話
 多国籍のクルーが働くお店の物語 — 95

第3章
ワンランク上の 記憶に残るおもてなし … 99

お客さまの記憶に残る接客をしていますか? … 100
「全員で、少しずつ、すべての時間帯」 … 104
ポイントカードの所持を聞かないのは、
1円を落としたままにすることと同じです … 108
「画面のタッチにご協力お願いできますか?」 … 112
お叱りの声はお店を代表して受けとめます … 115
日常の言葉に魂をこめましょう! … 119
お客さまの気持ちに寄り添う言葉を
おかけしていますか? … 121
お客さま100人100色の接客を心がけます! … 125

ローソンで本当にあった話
地域の方々から頼られる麻季子さんの物語 … 130

第4章
人財が輝くお店づくり … 133

お店の想いは、誰もがわかる言葉で伝えましょう … 134
お店の空気を温めるための「ありがとうカード」 … 138
スタッフもお客さまも喜ぶ
「みんなハッピー天使のサイクル」を回しましょう … 142

声を出すことでお店のチームワークを
高めていきます ……… 145

催事はチームワークを高める大チャンス ……… 149

全員参加で成功体験を積みましょう！ ……… 152

「ハッピー探し」でプラスの出来事を
見つける力を養う ……… 156

「目的・理由・制約」を正しく伝えると、
スタッフは自ら動きます！ ……… 160

「褒める・認める・感謝する」と、人は変わります！ ……… 164

指摘する前に、まずは相手を褒めましょう ……… 167

人それぞれのやる気スイッチ ……… 171

"お客さまの目"を意識することが、
人財不足を助けます ……… 176

　ローソンで本当にあった話
　給料袋を手渡すオーナーの物語 ……… 180

第5章
コンビニで働くあなたの悩みを解決！ Q&A集 ……… 183

Q1. 店長が忙しそうで、わからないことを
　　質問しにくいです ……… 184

Q2. スタッフと話をする時間がなくて困っています ……… 186

Q3. 常連のお客さまをなかなか覚えられません ……… 189

Q4. 笑顔の挨拶を徹底しても、
　　全員が同じレベルでできるようになりません ……… 191

Q5. 後ろに人が並んでいるのに話を止めない
　　お客さま、どう対応すればよいですか ……… 193

Q6. 求められているようなスタッフの
　　振る舞いがうまくできません ……… 195

Q7. スタッフを注意するとき、どういうふうに
　　するとよいですか ……… 197

Q8. お客さまから注意を受けることが多く、
　　改善したいです ……… 200

Q9. お客さまと信頼関係を築いていくための
　　ポイントはありますか ……… 202

Q10. 仕事ができすぎるスタッフを
　　 どう導けばよいですか ……… 205

ローソンで本当にあった話
得意を活かして働くシニアクルーたちの物語 ……… 208

Message ……… 212

序章
「いいね！」と思われる
お店にするために

序章　「いいね！」と思われるお店にするために

「なんかいいな！」と思うお店って、ありませんか？

　年中無休で営業するコンビニエンスストア。家の近所でも、初めて訪れた土地でも、いつでも気軽に入れるのがコンビニの魅力です。

　日本で最初に正式オープンしたコンビニは、諸説あるのですが、1974年のセブン‐イレブンさん第1号店だというのが定説になっています。

　その翌年の1975年6月14日、ローソン第1号店である「桜塚店」が大阪府豊中市にオープンしました。当時ローソンの親会社だったダイエーが、アメリカの食品業界大手コンソリデーテット・フーズ社とコンサルティング契約を締結し、独自のフランチャイズシステムを確立したのです。

　ここでちょっと、ローソンの社名と看板について説明させてください。

　1939年、アメリカのオハイオ州でJ.J.ローソンという男性が牛乳販売店を営んでいました。新鮮で美味しい牛乳は評判となり、「ローソンさんの牛乳屋」として毎日繁盛していました。ローソンさんはその後、ローソンミルク社を設立。牛乳だけでなく日用品も販売するようになり、アメリカ北東部を中心にチェーン展開を始めました。つまりローソンという社名も、青地に白いミルク缶の看板も、この牛

乳屋さんが起源です。

　さて、1980年代に入ると日本のコンビニはさらに店舗数を増やし、今となっては都会なら歩けばすぐ見つけられるほどの数になりました。

　実際にどれほどの店舗数があるのでしょうか？　日本フランチャイズチェーン協会の2017年12月の調査によると、日本全体で約5万5300店舗のコンビニがあるそうです。

　それほどみなれているコンビニです。決して特別な場ではなく、お客さまの多くは、「欲しいモノを早く買う」ことを第一の目的にされていると思います。お客さまによってはATMでお金をおろしたいだけかもしれませんし、公共料金の支払いのために行くかもしれません。そのような来店目的を果たすことは、コンビニとして当然の役目です。

　しかし、たまたまふらっと入ったコンビニで、「なんか、このお店いいな！」と心に残った体験はありませんか？

　レジの店員の笑顔がステキだったとか、探している商品が置いてある場所を親切に教えてくれたとか、店舗内の清掃がキレイに行き届いていたとか……。または、具体的に何が心に響いたのかよくわからないけれど、なんとなく気持ちよかったということもあるかもしれません。

　この「気持ちよい」というのは何なのでしょうか？
「気持ちよい」はかなりファジーな言葉で、店員のテキパキとした対応の速さを気持ちよいと感じるお客さまもいらっしゃれば、笑顔で優しく対応されることが気持ちよかった

り、商品が丁寧に扱われることが気持ちよいと感じるお客さまもいらっしゃいます。人によって「気持ちよい」の基準はさまざまです。

　買い物は、誰もが日常的に繰り返している行為ですが、単にモノを買って終わりではなく、買うことを通じて、購買者である自分の心が微妙に揺れることも多々あります。店員の笑顔に癒されて嬉しい気持ちを一緒に持ち帰ることもあれば、その反対に、接客態度が悪くて不快な気分を味わうことも起こり得ます。

　そう考えると、ごく身近な存在としてありふれているコンビニは、日本全国あちこちで毎日毎時間、お客さまたちの心を揺らしているかもしれないのです。
「たかがコンビニ」ではなく、来店してくださるお客さまの心に、小さな灯をともすことができるとしたら……。コンビニで働く私たちにとって、これほど嬉しいことはありません。

　ローソンの企業理念は、「私たちは"みんなと暮らすマチ"を幸せにします。」というものです。みなさまのすぐそばにあるコンビニが、みなさまの幸せのためにできることはなんだろう？　私たちはいつも考えています。

　来店してくださるお客さまにとって、ローソン周辺に住んでいらっしゃる住民のみなさまにとって、なくてはならない頼りになる存在でありたいと思います。

　お客さまが望まれることは、それぞれ違います。また、

常連のお客さまもいらっしゃれば、その店舗には一生のうち1度だけ立ち寄るお客さまもいらっしゃいます。一人ひとりのお客さまと接する瞬間ごとに、気持ちを切り替えて集中することは、それほど簡単ではありません。

　ローソンで働くオーナー・店長・クルー、そして彼らの研修を担当している私は、あきらめずに日々試行錯誤しながら奮闘し続けています。

毎月9000人が入れ替わる店舗経営の難しさ

　日本全国にあるコンビニ約5万5300店舗のうち、ローソンは約1万3000店です。ここにはナチュラルローソンやローソンストア100も含まれています。

　これらローソン店舗で働くアルバイト店員のことを、私たちは"クルー"と呼んでいます。正確な人数を言えないのですが、全国で約17万人のクルーがシフト交代制で昼夜活躍しています。

　フランチャイズ経営の各店舗には、それぞれオーナーや店長がいます。1店舗を家族経営するオーナー一家もいますし、1店舗からスタートして徐々に店舗数を増やしていき、5店舗や10店舗といった複数店舗を運営するようになった後に、有限会社や株式会社化するオーナーもいます。

　あるいは、すでに会社経営をしている事業家が、そのな

かの定款の1つとしてコンビニ事業を始めるケースもあります。たとえば、東京急行電鉄株式会社さんとローソンは法人提携をしているため、東急線沿線の駅売店の看板はローソンです。このように、オーナーによって経営スタイルもいろいろです。

膨大な数の店舗を一括でサポートするのは大変なので、各地をエリアごとに区切り、店舗を担当するスーパーバイザー（SV）という人たちがいます。SVの主な仕事は、自分の担当店舗がお客さまからご支持いただけるように、経営指導を行なうことです。

しかし、なかには10店舗や20店舗を運営し、会社化しているオーナーもいて、そのぐらい大きな規模と高いレベルになると、通常とは違い、マネジメントオーナー制度といって、自前でSVの役割を果たす社員を配置し、ローソン本部は管理職が組織コンサルタントに入ります。

ローソンという1つのコンビニチェーンで、北海道から沖縄まで全国47都道府県にたくさんのクルーたちが活躍しています。そうなると当然ながら、人財育成は常に大きな課題です。各店舗のクルーを育てるのはオーナーや店長の仕事であり、オーナーや店長に寄り添うのはSVの仕事というのが基本ですが、現実はそう甘くありません。

何しろ全国で毎月平均9000人ものクルーが、辞めたり新しく採用されたりと流動しているので、新人クルーに業務を教えるだけでも大変だからです。オーナーや店長はた

だでさえ普段から忙しく、人手不足の昨今は自ら現場に立ってクルーの仕事を補う日もあるので、お店を回すだけで精一杯になってしまうことも珍しくありません。

そんな慌ただしい毎日の中で、全国各地の店舗がどのようにクルーたちへローソンの理念を伝えていけばよいのか？コンビニの人財育成という高いハードルを越えることは、ローソンにとって長年の重要なテーマです。

そこで私に与えられた役割が、オーナーや店長とともに「心のこもった接客」を実現していくための研修担当でした。以来十数年間、全国を飛び回る毎日を過ごし、たくさんの嬉しいご縁をいただきます。

私の個人的な考えでは、オーナーや店長は店舗の要であり、クルーは店舗の輝くスターです。両者の信頼関係がぐっと深まり、お互いに安心して仕事に取り組むことで、訪れてくださるお客さまに対して「おもてなしの心」がもっともっと伝わるようになると思っています。そうなることを目標に、エリア責任者のリクエストにより研修やセミナーを行なっています。

研修では、店内の雰囲気やスタッフ間のコミュニケーション、そして、どのようにお客さまに接すればよい印象を持っていただけるかなど、まさにお店づくりの基礎になる重要ポイントを2〜4時間かけて体験型でお伝えしています。

お客さまの中には、毎日いらっしゃる常連さんもいれば、

たまにいらっしゃる方もいます。常連でないお客さまに対しては、第一印象がすごく大事なので、「丁寧感が伝わる言葉づかいが好ましいですよね」と話します。

　一方、常連のお客さまには、「かしこまったお辞儀よりも『いつもありがとうございます』と話しかけて、『あら、私のことわかってるわ』と思っていただけるようにしましょう」というふうに……。

　とはいえ、どんどん入れ替わるクルー全員にこれらのことを行き届かせるのは並大抵のことではありません。

　クルーたちは、それぞれさまざまな事情を抱えてローソンで働いています。人生で初めてアルバイトをする学生、家計を支えるためにパートタイムで働く主婦、学費を稼ぐ海外留学生、演劇の夢を追いながら生活費を稼ぐ若者など……。

　数あるアルバイトの中でも、コンビニは身近で気軽な存在です。言い方を変えれば、最初から「ローソンの理念に共感して働きに来ました！」というような向上心を持って応募してくれるクルーは多くありません。

　ですから、メンバーが激しく入れ替わる中、クルーたちを短期間で育成し、店舗内のチームワークをまとめていかなければならないオーナーや店長は、大変な苦労をしながらお店を回しているのです。

　そして、彼らは、ハードスケジュールの合間をぬって研修に参加してくれます。そこで学んだことをお店に戻って

アウトプットし、よりよい店舗づくりをしようと日夜励んでいるのです。

　私も研修内容が店舗でどれほど活かされているのか、完全に把握することはできません。何か１つでも実行し、そのお店を訪れるお客さまが少しでも気持ちよく買い物をしていただけるお手伝いになればと思っています。

全国の店舗を飛び回る日々から見えてきたこと

　日夜さまざまな店舗を訪問し、研修を重ねる中で、見えてきたことがあります。

　お客さまの目から見たときに、「よいお店」というのは、QSC（クオリティ・サービス・クリンリネス）という３点が徹底されているお店のことです。いつでも、そのマチの暮らしに合った商品が揃っていて、心のこもった接客ができ、清潔でキレイで衛生的なお店で買い物ができること。

　これが結果的にはお客さまにとって「よいお店」となり、これら３つを合わせて「おもてなし」と考えます。

　この３つがきちんと徹底できている状態にするために、各店舗はそれぞれに努力し、苦労を重ねています。

　それでも、お客さまから見たときに、その状態が100％できているお店と、残念ながらできていないお店があるというのは事実です。お店の立場からすれば、すぐにできる

ことと、簡単にできないことがあるでしょう。

難しい事情があるとしても、先に述べた3つが確実に徹底されているお店の状態をめざしていかなければいけません。少しでもよい店舗を、1人でも多くのお客様が喜んでくださる店づくりをめざして、全国の店舗はがんばり続けているのです。

そんなお店を応援したくて私は全国を飛び回っているのですが、そのなかではっきりと見えてきたのは、「自分のお店のレベルが上がることを喜ばない人は誰もいない」ということです。

お客さまからいろいろなご指摘をいただいたり、つらい言葉をいただいたりすることもあります。よいことはなかなか聞こえにくく、ダメなことは伝わりやすいというのが世の常です。それでも、何とかがんばってやっていこうとお店は努力をしています。

そして、少しでもお店がよくなってきたら、それをお店で働く誰もが喜ぶわけです。「いつも明るい声で挨拶ができるようになった」「クルー全員が自然な笑顔で接客するようになった」「品出しが効率的になって棚に商品のない状態が減ってきた」……。

これらはちょっとしたことかもしれませんが、今までできていなかったことができるようになったのですから、嬉しくないわけがないですよね。

これは、お店の状態が以前よりよくなった、レベルが少

し上がったということです。お店のレベルが上がると、結果的にはお客さまにも喜んでいただけることになります。
「このお店、品揃えがよくなったな」「接客が前より丁寧になったな」などとお客さまに思っていただけたとしたら、それはお客さまの気持ちよさにつながっているはずです。だから私はこの仕事をやりたいのです。

本当にたくさんのお店があり、たくさんの人たちがいます。クルーたちはどんどん入れ替わるので、何度も何度も同じことを伝えなければならず、「やってもやってもキリがない」と落ち込みそうになることもあります。

それでも私がこの仕事を続けているのは、お客さまを主語にして考えたときに、1人でも多くのお客さまに「このお店があってよかった」と思っていただきたいからです。

そして、クルーたちも、少しでも自分たちがお客さまにとってそういう存在だと認められたら、「お客さまのお役に立つことが嬉しい」と思うはずです。

誰もが喜ぶ「よいお店」づくりに多少なりともお手伝いができるように、私も最大限の努力を惜しまぬ覚悟です。

日本中のコンビニを「また来たいお店」にしたい!

ディズニーランドで働くキャストさんたちと、お客さまの間に生まれた心温まるお話、みなさまも1度は聞いたこ

とがあるのではないでしょうか。

　数ある中から、私が大好きなエピソードを、研修の際に目を閉じて聞いてもらっています。そのときに、

「ディズニーランドのキャストさんは、ローソンで言えばクルーさんなのです」

　と伝えます。それから、「ディズニーランドのキャストさんたちは、なぜこんなにすごいことをやれてしまうのか？」、それを一緒に考えます。

　みなさまは、なぜできるのだと思いますか？

　それは、ディズニーランドが、大切にしたいことは何かを徹底的にキャストさんたちに伝えているからです。キャストさんたちはそれを理解しているので、とっさのときにも、訪れたゲストの笑顔のために工夫して動くことができます。

「でもそれって、ディズニーランドの話ですよね？　ローソンじゃないですよね？」「ディズニーランドとローソンは全然違うでしょう」と思われるでしょうか？

　いいえ、私はそんなことはないと思っています。

　たしかに、お客さまの心理状態は違います。ディズニーランドへ行くお客さまは、はなから夢や感動を求めて訪れています。前日からワクワク楽しみで、スキップしながら行きたいぐらいの人もいます。一方、ローソンの買い物に、スキップしながら行こうとする人はいないでしょう。このように目的も違いますし、滞在時間も違います。

しかしながら、お客さまに喜んでいただきたい、お客さまの役に立ちたいという、ベースにある想いは変わらないと思うのです。ですから、
「マチのディズニーランドになりたい。そのくらいの気持ちで仕事をしていただくことは、決して間違いではありません」
　と伝えています。
　コンビニには、涙が出るような大きな感動ストーリーはなかなかありません。でも、毎日生まれる小さな「ありがとう」があります。
　24時間営業の是非も問われますが、現状夜中でも開いているコンビニは、深夜にお仕事をする方々にとっては、なくてはならない存在でしょう。寒い冬の夜でも温かいご飯を食べられますし、真っ暗闇の街にコンビニの明かりを見つけて無性にホッとする人もいるかもしれません。
　そんなふうに誰かが、「ちょっと困ったな」「ちょっとこれがほしいな」と思ったときにすぐ近くにあり、いつでも開店していることでお役に立つことができる。コンビニは、現代を生きる人々にとってライフラインとしての役割も持っているのです。
　ローソンだけで1万3000店舗があり、各店舗にお客さまが朝から夜までひっきりなしに来てくださっています。そのなかで、1つでも多くの「ありがとう」「よかったな」を生み出せたら……。

もちろん、一気に全店舗がそのような素晴らしいお店になれるわけではありません。忙しい合間をぬって、オーナーや店長たちは、何度も繰り返しトレーニングを重ね、少しずつお店に還元していこうと努めています。正直に言って、道のりはまだまだはるか遠く長いです。

　でも、「なんかいいな！」とお客さまに少しでも感じていただけるローソンが1店舗でも2店舗でも増えて、ほかのチェーンさんも同様に努力されていますので、どんどん素晴らしくなっていき、コンビニ業界全体がグレードアップしていって、どこもかしこもコンビニがステキなお店になっていったら……。

　日本は本当にすごいことになると思いませんか？　みなさまが思い浮かべる"コンビニ"のイメージも、今とはまったく違うものになると思いませんか？

　そんなふうに夢を描きながら、そんな日が必ず来ることを信じて、今日も「おもてなしの心」をお伝えしています。

> ローソンで本当にあった話

オーナー夫妻に育てられた 愛子さんの物語

　クルーの中には、両親を早くに亡くしていたり、恵まれない家庭環境に負けず精一杯がんばって生きている若者もたくさんいます。愛子さんもそんなクルーの1人です。

　愛子さんがローソンでアルバイトを始めたのは、高校2年生のときでした。レジで接客をしたり、商品を棚に並べるスタッフの姿は、自分がお店に買い物に来たときに見たことがありました。当時は冷めた目で、「コンビニの仕事なら、自分でもやれるだろう」と高を括っていたそうです。

　お金を稼ぐために、単なる作業をこなせばいい。頭で覚え、体を動かし、決められた時間をお店で過ごせばいい……。そんなふうに考えてローソンで働き始めたのです。

　しかし、若くして生活の苦労を強いられた愛子さんの成長を本気で願う人たちがいました。働き始めたお店のオーナー夫妻です。夫妻は、真心で取り組む仕事の大変さと喜びを、愛子さんにも知ってほしいと思いました。

　何があろうと1人で生きていけるように、世の中の原理原則を教えたい。お客さまをお迎えするうえで、何が大事か、どうすればお客さまは心地よいか、お客さまの表情や様子か

ら何を感じ取り、どう判断するか。それは、接客という業務に留まらず、人として「目配り・気配り・心配り」を学ぶ現場だと言えるでしょう。

そして、お店でお客さまが商品をお買い上げくださるからこそ、そこで働く私たちはお給料をいただくことができます。お店は商品と現金の交換を実感できる場所でもあります。働いてお金を得ることの大変さについて、身をもって学べるのです。

オーナー夫妻は、手取り足取り、ときに厳しく、ときに優しく、すでに嫁いでいた実の娘さんと同じように愛子さんに接しました。「どこに出しても恥ずかしくない娘に育ってほしい！」という一心からです。

働き始めた当初は、どこか表情も硬く、作業を適当にこなすようなところがあった愛子さんでしたが、どんなときも本気でぶつかってくる2人の真剣な想いが伝わるにつれて、徐々に笑顔が増え、挨拶の声が明るく大きくなり、気持ちのよい接客ができるようになっていきました。

愛子さんは高校を卒業後、奨学金をもらって大学へ進み、その4年間も同じお店で働き続けました。そのお店で働いた約6年の月日は、オーナー夫妻と愛子さんの絆を確実に強くしました。

就職試験の面接も、お店でいつも実践してきた挨拶がもっとも評価されたそうです。就職後も、愛子さんの仕事に対する姿勢は社内外で認められていきました。

出逢いの日から10年後、オーナー夫妻のもとに1通の結婚式の招待状が届きました。
「つらかった時期に寄り添ってくださったことを一生忘れません。ぜひ私の花嫁姿を見てください。オーナーが私のお父さん、店長が私のお母さんです」
　愛子さんの丁寧な文字で、そう書き添えられていました。

第1章
笑顔と挨拶が自然にあふれるお店をめざす

挨拶の徹底で、お店の空気は変わります!

　オフィス街にあるコンビニの朝は、さながら戦場です。サンドイッチやコーヒー、昼食用のお弁当を求めるお客さまで非常に混雑するためです。出勤時間に遅れるわけにはいきませんから、急いで商品を手に取って列に並ぶ人がほとんどです。レジを務めるスタッフも、お客さまをお待たせしないよう、できるだけスムーズに対応しようと必死に働いています。

　これからご紹介するお話は、まさにそんなオフィス街にあるお店でのことです。

　コールセンターや事務代行サービスの会社がたくさん入居する、大きなビジネスビルの1階にあるローソンで、双子の姉妹がオーナーと店長を務めています。

　オープン当初、お店のクルーたちが仕事に慣れていないこともあったのですが、お客さまがイライラされている様子が見てとれることが頻繁にありました。テキパキした接客ができないと、口には出されなくても、「何やってるの?」という声が聞こえてきそうです。

　1日中電話応対に追われるシビアな仕事のお客さまが多いことも、関係しているかもしれません。ピリピリとした空気をまとったお客さまが何人も続くと、クルーも緊張し、

このままではお店全体の空気がよどんでしまいそうでした。「これではいけない」と思った双子の姉妹は、「明るい声でしっかり挨拶することから始めよう」と考えました。店舗のクルー全員がとにかく元気に挨拶することを店の約束として決めたのです。

　徹底して挨拶を行なうようになり3カ月が過ぎた頃、お店にいらっしゃるお客さまの様子が変わってきたと言います。「笑顔で応えてくださるお客さまが増えたんです」という2人の話を聞いた私は、早速その店舗に足を運んでみることにしました。

　朝7時30分、店内が混み始める直前からお店の様子を見守ります。ピークとなる8時から9時までの1時間は、お客さまが次から次へといらしてレジに並ばれます。本当にひっきりなしにお客さまがいらっしゃる光景は圧巻です。

　そんな大変な状況であっても、店長もクルーたちも、「おはようございます！」「おはようございます！」と、明るい笑顔と挨拶を絶やさずに対応しています。

　仕事に慣れてきたクルーたちは、お客さまの誰もが急いでいらっしゃることを理解していますので、お会計をものすごい速さでテキパキと行なっていきます。その間も、当然ずっと笑顔です。挨拶も疎かにしません。レジの場所をお客さまに伝えるために、手をあげて「どうぞ、こちらです！」と積極的に声を出しています。

　朝の時間にコーヒーを飲みたいお客さまも大勢いらっしゃ

います。出社前にコンビニでコーヒーを購入なさる方も多いのではないでしょうか。セルフサービスのコーヒーを販売しているコンビニもありますが、ローソンのMACHI caféは、注文を受けるとクルーが1杯ずつコーヒーを淹れ、お客さまに手渡しで提供します。

セルフがよいか手渡しがよいか、賛否両論があることは承知しています。特に、朝の混雑した店内では、「店員が忙しくしているのにコーヒーを頼むのは気が引ける」「これだけ混んでいると時間もかかるし頼みにくい」と思われ、なかなかコーヒーを注文できずにいるお客さまもいらっしゃいます。

ところが、このお店は例外でした。

クルーの誰もが、明るく元気に今ご来店のすべてのお客さまの朝の時間の大切さに応じた動作をしているため、お客さまも気を遣うことなく頼みやすいのです。

さらにこのお店では、朝の混雑時のみコーヒーのメイン担当を決め、「こちらでお出しします」とコーヒーオーダーの全お客さまをコーヒーマシンの近くのカウンターへ導き、明るく迅速に対応する工夫もしています。

スピード重視と明るい挨拶、そしてどんなに忙しくても笑顔を欠かさない。クルーたちの接客は完璧です。私がこのお店を訪れたとき、これだけ混雑していても、文句をおっしゃるお客さまは1人もいらっしゃいませんでした。ピリピリした空気もなく、レジカウンターで商品を受け取るお

客さまの中には笑顔も見られました。

　そばで見ていた私も嬉しくなるほど、素晴らしい朝の店内の光景がそこにはありました。

学びと気づき

　一生懸命にやっている姿は、いつか相手の心に届きます。元気な挨拶と素早い対応に触れることで、「いつもがんばっているな」「朝から気持ちのいい挨拶をするな」ということがお客さまにも伝わり、お店のクルーたちの一生懸命さに理解を示してくださるようになったのだと思います。

　そのおかげで、「ここの店員さんはみんな気持ちいいね。接客の大切さについて、ウチの会社で講演してくれないかな？」という声までいただくようになったそうです。挨拶1つの行動を変えるだけで、クルーたちも、お店も、お客さままでも、変わることがあるのです。

　挨拶を徹底することから始めませんか？

　挨拶はどんなお店でも必ずするものです。お店に限らず、朝起きたら家族に、学校へ行けば先生や友人に、会社では一緒に働く仲間たちに、誰もが挨拶をするでしょう。

　いつでも、どこでも、誰とでも、気持ちのよい挨拶

> をする。「挨拶さえきちんとできれば、すべてのことは何とかなる」という言葉を聞いたことがありますが、まさにその通り。常に気持ちのよい挨拶を心がけてみましょう。

雰囲気がよく居心地のよいお店とは?

　接客接遇についてお伝えする仕事をしているので、ありがたいことに、業種業態の垣根を越えていろいろなところへお邪魔する機会を頂戴します。

　そうすると、「ステキだな」と思わず感動してしまうお店や、「素晴らしいな」と思う企業さまとの出逢いに恵まれます。そういうお店や企業には、場所も業種業態も関係なく、共通していることが3点あります。

　まず、笑顔で挨拶してくれる点です。目が合った人だけではなく、とにかくその場にいらっしゃる全員がこちらに笑顔で挨拶してくれるのです。

　次に、場の雰囲気が明るい点です。居心地のよい雰囲気の明るさが、訪問している私にも伝わってきます。

　最後は、整理整頓ができていて、清潔でキレイという点です。この3点は、その場所に行けばわずか1秒で感じ取れる共通点だと言えるでしょう。

どれも大事なことなのですが、ここでは特に、「雰囲気が明るい」という点について取り上げます。
　たとえば、私がおにぎりとお茶を買うために、たまたま目の前にあったコンビニに入ったとしましょう。
　入店時、すぐに「いらっしゃいませ」と明るい店員さんの声が聞こえてきました。お茶の棚へ向かうと、すれ違う店員さんが、「いらっしゃいませ」と再び笑顔で声をかけてくれます。続いておにぎりを取ろうとしたら、おにぎりを並べていた店員さんに、「すみません、お邪魔してしまっていて。どうぞご覧ください」と言われました。
　人の心って不思議なもので、このような気遣いを受けると、「邪魔なんかじゃないよ」と思いませんか？
　こんなふうに明るい空気が店内に流れていると、時間に余裕があれば「もう少しお店の中を見てもいいかな」という気持ちに自然となるものです。目的はおにぎりとお茶を買うだけだったはずなのに、「まだ時間があるし、もうちょっと長居しよう」と思えてくるのです。
　私は研修・セミナー・講演の出張が多く、パソコンとともに、投影資料を遠隔操作で動かすことができるポインターも持ち歩いています。そのポインターには単４電池が必要なため、パソコンバッグの中に予備の電池を入れていつも切らさないように気をつけています。
　ですから、もし自分に時間的な余裕があり、なおかつ先ほどのコンビニのように気持ちのよいお店であれば、「あれ、

単4電池ってまだ持っていたかな。補充しておかなきゃ」と思い出します。花粉症の季節なら、「鼻がムズムズするから、ティッシュも買っておこうかな」と思ったりもします。

　だんだん手いっぱいになってきたときに店員さんから、「お買い物、多いですね。よかったら、カゴをどうぞ」と笑顔で渡された日には「もう本当に感じがいい！」と嬉しくなり、「ありがとう」と私も笑顔でカゴを受け取ります。

　このように、「このお店、明るくて感じがいいな」と思うところから、次から次へと「いいな」の気持ちが湧いてきて、買い物が増えることがあるのです。お店に立ち寄った目的以外のもう1品を思い出していただくチャンスが広がっていきます。

　だからこそ、お客さまが「このお店、明るくていいな」と感じてくださる雰囲気は、素晴らしいものなのです。

　そして、もしカゴを抱えたあなたが支払いに行こうとしたとき、レジに2人の店員が立っていたとします。1人の店員は普通に立っていました。もう1人の店員は、あなたに気づきニコッとしながら立っていました。さて、あなたの足はどちらに向きますか？

　おそらくニコッとしている店員のほうに吸い寄せられるはずです。そうです、ニコニコしているということだけで人を引きつける価値ある人になるのです。それはよい雰囲気をつくることに一役かうからです。温かい空気を醸し出しているだけで、見る人は瞬時に好感を抱きます。これは

本当に重要なことです。

　1人が気持ちよく仕事をしていたら、一緒に働く仲間にも広がっていきます。空気は伝染するからです。

　働いている仲間もお互いに気持ちよいし、訪れるお客さまも気持ちがよい。きっかけは1人から始まっても、雰囲気はそこにいるみんなでつくるもの、雰囲気はお店のパワーそのものです。

学びと気づき

　あるお客さまが、初めて訪れるコンビニでお買い物をされました。さて、そのお客さまは後日またそのお店に行きたいと思われるでしょうか？

　この分け目を決める1つの大きな要因が、明るい雰囲気です。みなさまも意外と雰囲気で判断していることが多いはずです。

　どんなに料理が美味しいお店でも、どこか雰囲気が暗かったり、「よくないな」と思ったら、もう1度そのお店に行きたいと思いますか？
「料理はよかったけど、雰囲気がちょっとね……」と思い、積極的には足が向かなくなりますよね。

　雰囲気のよくないお店をイメージしてみてください。店員に笑顔がなかったのではないでしょうか？　明るく元気な挨拶をされなかったのではないでしょうか？

> 　明るい雰囲気は、笑顔の挨拶から生まれます。お客さまの目を見て笑顔で挨拶すること、そこには多くのチャンスが潜んでいます。まずはお客さまと会話を始めるチャンス。さらに、「このお店はいいなぁ」とお客さまに感じていただくチャンスでもあります。
>
> 　たった一瞬の笑顔の挨拶から、「また来たい、もっと買いたい」とお客さまに思っていただける可能性がどんどん生まれていくのです。

「笑顔」という行動で、心の中にある想いを表現しましょう

　お客さまと信頼関係を築く。お客さまと絆を結ぶ。これを実現するのは、とても難しいことです。

　ですが、難しいとわかっていても、やっていかなくてはなりません。信頼していなければ、"1度"はお店に寄っても、"繰り返し何度も"来ていただけないからです。では、どうすれば実現できるのか考えてみましょう。

　商売をやっている以上、オーナーや店長は「お客さまのことを大事にしたい」と思っているはずです。そのお店で働く「社員やスタッフたちのことを大事にしたい」とも思っているでしょう。店舗にかかわるすべてのお取引先のことも大事にしたいでしょう。もっと言えば、自分の家族

や友人を大事にしたいはずです。

　ところが、どんなに誰かを大事に思っていても、人の心の中は外から見えません。どんなに強い気持ちがあっても、他人には見えないのです。

　見えるようにするためには、どうすればよいのでしょうか？　そうです、言葉と行動で伝えるのです。

　お客さまが来店なさったときに、「ようこそ、私どものお店に来てくださいました。喜んでお買い物のお手伝いをさせていただきます」という気持ちを見えるようにするために、笑顔で「いらっしゃいませ！」と言います。「いらっしゃいませ！」という言葉と、笑顔という行動で、歓迎の気持ちを表現するのです。

　このように、意識して心をカタチにしていきましょう。想いを行動で表しましょう。

　お客さまは何も見ていらっしゃらないようで、実はスタッフのことをよくご覧になっています。

　コンビニの店内は広くないですから、だいたいどこからでも店内の様子がうかがえるものです。私たちがあるお客さまに接している様子は、ほかのお客さまもしっかり見聞きしていらっしゃいます。

　たとえば、小さなお子さんに対して声かけするときや、車椅子の方に対して目線がどうしても上からになってしまうときは、スタッフが身をかがめて、お客さまと同じ目線になることが基本です。

立ったままの応対だと、お客さまは下から見上げることになり、圧迫感があるかもしれません。逆に私たちからすると、上から見下ろすような目線は、まったく悪気がなくても偉そうな態度に映るかもしれません。これはあまり感じのよいことではありません。膝を折って、お客さまと目線を合わせるということが非常に大切なのです。

　同じ目線で接すれば、物理的にも精神的にも、相手にとっては話しやすくなります。話しやすくなれば、だんだん心の距離が縮まり、質問も出やすくなります。スタッフたちの挨拶も心地よく聞こえるはずです。

　さらに、そういうスタッフの応対をほかのお客さまが見ていらして、「親切だなぁ」と思ってくださるでしょう。つまり、目の前のお客さまに心をこめれば、周りでご覧になったお客さまも温かい気持ちになっていただけるのです。

　接客に限ったことではなく、どこであろうと、気持ちよく人に接している様子を見かければ、それを見ている周りの人もちょっぴり嬉しい気分になりますよね。

　私は、「挨拶」「笑顔」「感謝」を円滑なコミュニケーションに至るための〝3種の神器〟と呼んでいて、常にこの3つを心がけたいと思っています。

　店舗で働く私たちからすると、この3つは業務の一環だと言えますが、対するお客さまから見たら、この3つは商品そのものなのだと考えています。お買い上げいただいた商品に、もれなくタダでついてくるのです（図1）。

図1 ●気持ちを届けるときに欠かせない３種の神器

「挨拶」は、コミュニケーションの入り口、すべての始まりです。「笑顔」は心の扉を開く鍵のようなもので、親しみの源です。そして「感謝」、つまり「ありがとう」は、プラスパワーを全開にする魔法の言葉、世界で１番美しい言葉です。人と人がコミュニケーションを図るうえで、絶対に欠かせない基本だと言えます。

私は社外のセミナー講師を承る機会もあります。その企業さまの内情がどうなのかはわからないにしても、その場にいらっしゃる全員が「笑顔できちんと挨拶する」という行為は、いわゆる躾が行き届いていることを意味します。

一方で、きちんと挨拶しない人が多いと、「この会社、大丈夫かな？」と心配してしまいます。

では、誰から「笑顔の挨拶」を実行していけばよいのでしょうか？　もちろん、お店では、オーナーや店長からです。お店のリーダーが自ら行動しようと心に決めて、積極的に実行してほしいと願います。

　しばしば「クルーたちが元気のよい挨拶をしてくれない」と悩んでいるオーナーや店長から相談を受けることがありますが、そもそもあなた自身はクルーたちに「気持ちのよい挨拶」をしているでしょうか？　お客さまにいつでも明るい声で「笑顔の挨拶」をしているでしょうか？

　自分がやっていないことを相手に「してほしい」と頼んでも、それは難しいですね。オーナーや店長が、「笑顔の挨拶は、自分ではなく、クルーから」と思ったなら、その瞬間にすべてが終わってしまいます。「まず私からやろう」と思わない限り、物事は何１つ動いていきません。

学びと気づき

　コンビニではスタッフとお客さまのコミュニケーションが日々繰り広げられています。「いらっしゃいませ」「ありがとうございます」……。

　１度の会話は長くありませんが、短いコミュニケーションに想いをこめ、カタチで示しましょう。人が本気で自分の想いを贈るには、心をこめて、話したり、書いたり、ときには絵や音楽を使って表現することもあ

> るでしょう。直にコミュニケーションする場合は、特に表情や立ち居振る舞いが重要な要素です。
> 　オーナーや店長は、その行動をスタッフ任せにせず、自分から実行してみせ、ぜひお手本になってあげましょう。そうすれば「挨拶」「笑顔」「感謝」はやがて店舗で働く全員に伝染し、お店全体が活気づいていきます。私たちは、いつもそばにいる、もっとも長く一緒に過ごす人から影響を受けやすいからです。

ステキな挨拶、5つのポイント

「挨拶」という漢字が、「押し迫る」という意味を持つことをご存知ですか？

　まず自分の心を開いてみせることで相手の心も開いてもらい、相手の心に近づいていく。親しみの気持ちをこめて押し迫る、という積極的な行為が挨拶です。いらっしゃいませ、「＝あなたの存在を確認しましたよ」、ありがとうございます、「＝今後ともずっとずっとよろしくお願いします」というふうに、人間関係をスタートさせて継続していくためのコミュニケーションの入り口が挨拶なのです。

　ステキな挨拶をするために、次の5つのポイントを意識してみましょう。

① **笑顔**
② **アイコンタクト** …… 顔を合わせ相手の目を見ること
③ **声の大きさ** …… 相手にちゃんと聞こえる大きさの声を出すこと
④ **声のトーン** …… 明るい声で話すこと
⑤ **お辞儀**

それぞれのポイントを簡単に解説します。①**の笑顔**と②**のアイコンタクト**については、後の小見出しで詳しく述べますので、ここでは声の③**大きさ**と④**トーン**に触れます。

お客さまをお迎えする「いらっしゃいませ」の挨拶は、低い声でボソボソ言うのではなく、ちゃんと聞き取れる明るい声で言いましょう。⑤**お辞儀**までしっかりできたら、より丁寧さが伝わります。

挨拶はどんな雰囲気でするのがよいと思いますか?

ここで、"あ・い・さ・つ"の4つの頭文字で考えてみましょう(図2)。

まず「あ」は、「明るく」です。これは簡単ですね。「い」は、「いつでも」です。「イキイキ」もよいのですが、常に実行すればムラなく届くことを重視して、「いつでも」としましょう。

「さ」は、ピンと来るのが「さわやかに」ですが、正解は「先に」。挨拶は、相手からされてするものではなく、必ず自分から先にやっていくものです。「挨拶、先取り!」と覚

えましょう。

　最後の「つ」は、「続けよう」。こちらが先に挨拶して、相手の反応がどうであろうが、とにかく挨拶することを「続けよう」ということです。返してくれないからもうやめたということではありませんね。

図2 挨拶の意味

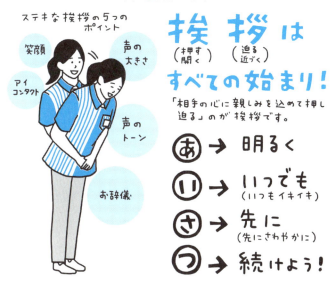

　これらの答えは、聞けば当たり前のことだと思われるかもしれませんが、実際にあなたはできているでしょうか？ 徹底することは意外と大変です。〝あ・い・さ・つ＝明るく・いつでも・先に・続けよう〟、ぜひ実践しましょう。

　私たちが思っている以上に、挨拶は大事です。お客さまにきちんと挨拶するということは、それだけで「いいお店

だな」「このスタッフは感じがいいな」と思っていただける大きな要素の1つだからです。人は挨拶されることによって、「気持ちいいな、明るいな。ここならまた来てもいいな」と心を動かされ、そのお店を自分の行動範囲の中の1つに加えてくれるのです。これほど重要な挨拶を、しっかりやらない理由はありません。

　挨拶にお金がかかるでしょうか？　経費はゼロです。

　時間がかかるでしょうか？　わずか1、2秒です。

　お金もかからず、ほんの数秒ですむのに、相手は「いいな」と思ってくれる。それだけの力を秘めているのが挨拶です。全員が本気で見直し、きちんとやれば、お店の空気は必ず変わります。

学びと気づき

　お客さまと向き合ってステキな挨拶をした瞬間、お客さまの心に触れることができます。たとえお客さまから挨拶が返ってこなくても、気にせずに、挨拶を続けましょう。一方通行に見えるかもしれませんが、温かい挨拶は、きっとお客さまの心に届いています。

　しかし、いくら挨拶をしているといっても、暗い声や無表情では逆効果です。5つのポイントを意識して、明るく・いつでも・先に・続けましょう！

笑顔トレーニングで笑顔の練習

　研修でいつも欠かさず行なうことがあります。それが笑顔トレーニングです。研修に参加しているみなさんと、最後は必ず一緒に笑顔になります。

　自然に出る笑顔が何より1番よいことは、誰でもわかっています。ですが、自然に任せていたら笑えない日がありますよね。私たちは仕事だけではなく、個人的につらいことがあったり、誰かと喧嘩をした後だったり、さまざまな想いをたくさん抱えながら生きています。

　でも、当然ながら、お客さまには私たちの感情など何の関係もありません。お客さまは、「欲しいモノを気持ちよく買いたい」と思っていらっしゃるのです。

　売場、すなわち、お客さまのお買場は、私たちにとってステージであり、舞台です。私たちは、自分をカッコイイ男優さんであり、かわいい女優さんだと思って演じなければなりません。

　それを前提に考えたとき、お店で働く私たちは、意志の力で笑わなければならないことが多々あるのです。そのためには、笑うコツをあらかじめ知っていないとできません。

　笑顔をつくる、さまざまなトレーニング方法が提唱されています。お箸を口に挟んで練習する方法などもありますが、私はそこまで厳密なやり方でなくてよいと思っており、

使うのはご自身の声と筋肉だけです。研修ではこんなふうに呼びかけています。

「今から『ウ』と『イ』、2つの音を使って、笑顔になります。今、みなさんは海の底にいるタコです。自分はタコになったと思って、唇を丸く尖らせて、『ウッ〜』と声を出しましょう」

「次に、『イィ〜』です。唇の両端、口角を斜め上へとグッと引き上げ、上の前歯を全部、できれば8本、最低でも6本、見せるようなイメージです」

「では、『ウ・イ・ウ・イ・ウ・イ・ウ・イ……』と繰り返し、しっかり声を出しましょう。少しトーンを上げ、明るい声で、『ストップ』の合図までお願いいたします」

こうして実際に口を動かしてもらいます（図3）。

私たちの顔には、18種類、30を超える筋肉があります。そのなかで、笑顔になるときに使う筋肉は5種類だそうです。頬や口の周りが動いたと実感できるくらいやってみましょう。

今度は、「ウ・イ・ウ・イ・ウ・イ」を3回、その後すぐに「ウイスキー」と言って、「イ」の口のまま、笑顔を3秒キープします。仕上げは、「ウ・イ・ウ・イ・ウ・イ・ウイスキー」と言って笑顔のまま、1本指も立て、「1杯いかがでしょうか？」と続けてもらいます。

「みなさん、全員で私にウイスキーをすすめてください。私が一気に飲み干したくなるような笑顔でお願いしますね」

と、声をかけます。

図3 ●笑顔トレーニング

「ウ」と「イ」、両方の音が入っているので「ウイスキー」です。なお、お店には未成年のクルーたちもいるので、よく似た言葉の「クッキー」でやることもあります。

そのときに、実際に小包装のクッキーを配ります。2人1組で交互に練習するのですが、各組でAさんとBさんを決めます。先に笑顔をつくる人をAさん、その笑顔を見守る人をBさんと呼びます。

Aさんのセリフは、「クッキー、クッキー、おひとついかがでしょうか？」。Bさんは、Aさんの笑顔がステキだったら「いただきます」と元気よくクッキーを受け取ります。

まだまだと思えたら、「けっこうです」と断ります。でも、断られないように、「ここ1番の笑顔で！」と案内します。

その後、AさんとBさんの役を交替します。

こうして遊び心を交え、お互いに笑顔の練習をしてもらい、最後はみんなで拍手をして研修を終えます。最初は「何をさせるのか？」という表情の人も多いのですが、終わる頃には意志の力で笑えるのだとわかってもらえます。

学びと気づき

鏡や鏡のようなシール状の反射シート、または携帯電話の液晶画面を用意して、「あなたは今、どんな顔？」と自分の顔を映してみましょう。

上の前歯が出ている笑顔は、遠くから見ても「あの人、笑ってる」とわかります。自分の普段の目よりも目尻は下がっているか、口角は斜め上に上がり、前歯は見えているか、あなたも鏡で確認してみてください。

鏡に映ったその顔を、お客さまは見ているのです。あなたのその顔を、買い物にいらしたお客さまは好むと好まざるとにかかわらず見せられています。もちろん、一緒に働く仲間たちも見ています。だからこそ、個々の相手と笑顔で向き合うことが求められるのです。

「あなたの顔を見るのはあなただけじゃない！」、あなたの表情が、一緒に過ごす人に対して、環境をつくっているのです。

自然に笑えない日も、
意志の力で笑顔になれる

「なんだかしんどいなぁ」と思う日や、「今日は仕事に行くのがキツイなぁ」と思う日は、誰にでもあります。そういう気分が乗らない日、落ち込んでいる日にこそ、出かける前に笑顔トレーニングをやってみましょう。

　まず歯磨きのとき、目の前の鏡を利用して、気持ちを切り替えるように努めます。顔を洗ったら、「ウイスキー」「クッキー」と鏡を見ながら笑顔で言いましょう。最後に「大丈夫！」と鏡の中の自分に呼びかけて洗顔を終えます。つまり、「さっきまでの自分とは違う」という自己暗示をかけて、そのうえで家を出て行くのです。

　些細なことに聞こえるかもしれませんが、これがけっこう効きます。だまされたと思ってぜひ1度試してみてください。

　最近、私の研修を新入社員のときに受けたことがあるという女性社員に、数年ぶりに会いました。彼女から、「今でも『今日は調子悪いなぁ』っていう朝には、ちゃんと笑顔トレーニングをやって出勤しています」と聞かされ、感動しました。

　もし本当に具合が悪いなら病院へ行かなくてはいけませんが、気分的にちょっと調子が出ないというときに、どの

くらい自分に自己暗示をかける力があるのか、自ら元気を出せるのか、小さな意識が大きな差をつけます。

　私自身、気分的に「もう、ダメだぁ」と思うこともたまにありますが、その理由が多用なら、気持ちで何とでも乗りきれるものです。

　お店に立つスタッフのみなさまは、「今日の自分はイマイチかも」とか、「今日はあまり笑顔になれないかも」と思ったときこそ、バックルームで着替え、鏡に向かって身だしなみのセルフチェックとともに、「ウイスキー」「クッキー」と微笑んでから、売場に出て行きましょう。

　自分の笑顔を鏡に映すという行為は、すなわちお客さまが気持ちよいと思ってくださるかどうかを確認するということです。人は自然に笑えない日がある以上、今の自分がどんな顔をしてお店に出ているのか、それをいつも知っていてほしいのです。

　笑顔トレーニングを行なうときに、もう1つお伝えしていることがあります。

　私たちはユニフォームを着てお店に立ちますが、それはそのお店のプロフェッショナルであるという証です。ユニフォームを着たその瞬間、「私はプロです」と、お客さまに対して宣言しているのです。

　店舗の代表者は誰でしょうか？

　ユニフォームを着てお客さまと接しているそのスタッフです。もちろん経営の責任者という意味では、代表はオー

ナーであり、店長です。

　でも、買い物をするお客さまにとっては、ユニフォームを着て目の前に立っているあなたがそのお店の代表です。

　先述しましたが、スタッフは誰でも個人的な想いを背負って働いています。ただ、プロとして売場に立つ以上、私たちは俳優のつもりでなければなりません。自然に出る笑顔が1番美しいに決まっていますし、自然な笑顔は相手の心をほっとさせるに違いありません。

　でも、それが自然にできないときには、どんなことがあろうと、ユニフォーム姿でいる限り、すべてを演じきってほしいと思います。

「笑う門には福来たる」ということわざがあります。これは、嬉しいから、楽しいから笑うのではなく、「苦しくてもつらくても今日も笑顔でちゃんとやるぞ」とがんばっている人のことを、福の神は決して見放さない。そんな意味がこめられたステキなことわざだと私は思っています。

学びと気づき

　笑顔で話しかけられて、怒る人はまずいないでしょう。また、笑顔で挨拶できたとき、相手もさることながら、実は1番気持ちがよいのは自分自身です。

　顔を上げて笑顔で挨拶を続けていると、自分の心がだんだん上を向いていきます。逆にずっと下を向いて

> いたら、気持ちもどんどん下がってしまいます。だからこそ、どんなときも意志の力で笑顔になれることを知り、練習しておくことが大切なのです。

目が合ったのにそらすのはもったいない！

　ステキな挨拶、5つのポイントの2番目は「アイコンタクト」でしたね。若いみなさまの中には、他人と目を合わせるのが苦手だという人もけっこういらっしゃると感じています。

　コンビニに入ったときに、レジにいる店員さんと目が合うことは、誰しも経験があると思います。そのままこちらを見ながら「いらっしゃいませ」と言う店員さんもいれば、さっと目をそらして「いらっしゃいませ」と言う店員さんもいることに気づいていらっしゃるでしょうか？

　両者から相手が受ける印象は天と地ほどの差があります。目が合っているというのは、「あなたを認識できました」という無言のメッセージを相手に伝えることになります。ですから、せっかく目が合ったのに、その視線を外してしまうのはとてももったいないことです。

　それでも、「どうしても相手の目を見るのが苦手だ」という人に、とっておきの方法があります。相手の目そのもの

ではなく、相手の鼻の上部や眉間、目と目の間あたりを見ればよいのです。

　苦手の程度は人それぞれ違いますが、本当に恥ずかしがり屋で人の目をじっと見るのがとにかく嫌だという人は、自分の目をそらすのではなく、相手の目の周辺を見るようにしましょう。すると相手は、「目が合った」と勘違いしてくれます。

　最初は誤解でも錯覚でもよいのです。そのうちに慣れて、目を見ることが苦痛でなくなるかもしれません。

　実際の研修では、「相手の目を見るのが苦手だ」というクルーに、私と5秒ほどアイコンタクトしてもらいます。私はクルーの目ではなく、実は両目の間を見ています。それでも5秒後に感想を尋ねると、「目を見られて横を向きたくなった」と率直に答えてくれます。

　本当に苦手だと言っている人を追い込まないでください。プレッシャーで余計にできなくなります。繰り返しますが、アイコンタクトもどきでかまいません。

　いずれにしても、目をそらすことのほうが相手にとっては気になります。「今、目をそらしたな」とすぐにわかるからです。たったそれだけで、「なんか感じ悪いな」と思うお客さまがいらっしゃってもまったく不思議ではありません。

　もちろん、アイコンタクトが苦手なお客さまもいらっしゃるでしょうが、接客の基本は目を合わせることです。お客さまが目をそらされても、店員の側からは「私はあなたを

お迎えしています」というメッセージを届けましょう。

せっかく一瞬目が合ったと思っているのに、わざわざそらして「いらっしゃいませ」では、もったいないです。「いらっしゃいませ」は「ようこそ当店へ！ ぜひお買い物のお手伝いをさせていただきます」という気持ちを一言で表現する言葉ですから、お客さまのお顔を見るほうが絶対に伝わりますよね。

意外とハードルが高いと思われるかもしれませんが、「目を見なくてはいけない」ではなく、「目が合ったのにそらしちゃったらもったいない」と思ってほしいのです。

学びと気づき

「目は口ほどに物を言う」ということわざがあるくらいです。お客さまの目を見ないで話すのは、極端に言うと、お客さまの存在を無視しているのと同じ、接客の仕事に就く者としてあってはならない応対です。

実際にお客さまと目が合わなくても、きちんと視線を送ることで、お客さまは「自分を見て『いらっしゃいませ』と言ってくれた」と感じてくださいます。要するに、歓迎の気持ちが伝わるか否かが重要なのです。

もしお客さまとしっかり目を合わせることができたら、ありがたいことだと思い、そのまま笑顔で挨拶しましょう。苦手な人も、何度もやっていると慣れてき

ます。最初から「無理だ」と思わずに、まずは目の周辺を見て挨拶することから始めてみてください。

分離礼と同時礼を使い分ける

　第１章の最後はお辞儀の話です。お辞儀には「分離礼」と「同時礼」の２種類があります。

　分離礼は、「ありがとうございます」とお客さまに声をかけ、その後にお辞儀をします。言葉と動作が分かれているので分離礼と呼びます。

　それに対して同時礼では、「ありがとうございます」という声と同時にお辞儀をします。

　せっかく笑顔で目を合わせてお客さまに挨拶するのであれば、分離礼のほうがより伝わりますね。「ありがとうございます」と同時にお辞儀をしてしまったら、どんなに笑顔で目を合わせようとしても、笑顔が下を向いてしまいます。挨拶の言葉も床に言っていることになりますね。

　ですから、まずお客さまのお顔を見て、「ありがとうございます」の言葉を発し、その後にお辞儀をする分離礼が一流の挨拶であると知っていただきたいと思います。できるとき、またはここ１番の大事なときに、ぜひやりましょう。

　当然ながら、店内が混み合い、お客さまがたくさん並んでいらっしゃるときに深々と分離礼では、「いいから早くし

てよ」と思われてしまうでしょう。この場合は、一般的に同時礼が好ましい状況と言えます。

　お客さまの様子を見ながら、余裕があればできるだけ分離礼を採り入れましょう。いつも丁寧にやるばかりがお客さまにとって嬉しいことではない、スピードこそが最高のおもてなしとなることもある。このような理解が進めば、その時々の状況に合わせて最適なお辞儀ができるはずです。

　初めてお会いするお客さまには、分離礼のほうがより丁寧さが伝わり、第一印象がよいでしょう。常連のお客さまであれば、丁寧なお辞儀の時間分を、「こんにちは、昨夜の雨はすごかったですね」など、親しみの会話に置き換えたほうがよいかもしれません。

　上手に使い分けるためには、その前に正しい知識を知っていないと、そもそも使い分けができません。きちんとした対応とはどういうことなのか、どうすれば丁寧さを出せるのか、そういったことを知ったうえで選択するのと、知らないまま闇雲にやっているのとでは意味が違います。

　たとえば、お客さまがすごく怒っていらっしゃるときに、スタッフの笑顔は論外です。まじめな顔で誠実に対応しなければならないときです。

「お客さま、ご迷惑をおかけして、本当に申し訳ございません」とお伝えしてからきちんと頭を下げる、まさに今こそ分離礼のときです。「すみません、すみません」とペコペコ同時礼を繰り返すよりも、真摯なお詫びの姿勢であると

思いませんか？

　より丁寧に挨拶したいときや深く謝罪したいときには、迷わず分離礼です。それは、姿として相手に伝わってくるものがあるからです。極力分離礼を実行し、お客さまの立場で同時礼も必要であると判断し、ケースバイケースで使い分けてみましょう。

学びと気づき

　お辞儀も笑顔と同様に、自分の心の中にある想いをお客さまに見えるようにする行動です。「いらっしゃいませ、ようこそ当店へお越しくださいました」や「ありがとうございます、またお待ちしております」という感謝の気持ち、ときには「誠に申し訳ございません」というお詫びの気持ちをお届けするのです。

　よく「こういうときのお辞儀の角度は何度」という指導も耳にしますが、誤解を恐れず申し上げると、「お辞儀の角度なんてどうだっていい！」です。

　細かい角度を覚えるよりも大事なことは、相手に礼を尽くすということです。本当に申し訳ないと思えば、深く最敬礼45度以上に頭が下がると思います。

　「どのくらいの角度だっけ？」と考えてタイミングを逸する前に、まずは行動に移しましょう。あなたの想いをきちんとこめて、お辞儀をしましょう。

見た目のスマートさや見栄えという意味ではお辞儀の角度も考えるべきでしょうが、やはり本質で勝負したいものです。

　どんなにキレイなお辞儀の姿勢ができても、そこに気持ちがこもっていなければ、お辞儀をする意味がなく、相手に見抜かれてしまいます。

　型と心、両方セットで伝えたいですが、まずは気持ちです。多少不細工でも、精一杯こめた真心は、必ずお客さまに届きます。

ローソンで本当にあった話

誰からも愛される店長 あつこさんの物語

　クルーたちから「あつこさん」と呼ばれている店長がいます。あつこさんは、いつも一生懸命です。

　あつこさんは、クルーがお店の一員として楽しく働けるように、一人ひとりの個性を仕事にどう発揮してもらえばよいかを見極め、どんなときも彼らの活躍を第一に願って育ててきました。クルーが「このお店で働くことができてよかった！」と思ってくれることを喜びにして働いているのです。

　言うまでもなく、あつこさんはお客さまに対しても一生懸命です。

　生活支援を目的としたプライベートブランド商品「ローソンセレクト」の中には、さまざまなおかずを１食分に小分けしているスタンドパック惣菜があります。筑前煮やごぼうサラダ・肉じゃが・さばの塩焼と、温めればすぐに食べられるおかずが豊富です。

　あつこさんはそれらの惣菜がどのように活用できるのか、簡単な説明書を手描きでつくってそれぞれの商品の脇に置いています。

　たとえば、「この商品に生卵が１個あれば、少しリッチに

こんなメニューができます」といった内容です。場合によっては、「これとこれを買えば、こんなものがつくれますよ」と、お客さまに直接ご案内することもあります。

　親身に優しく対応するあつこさんに、「いつもありがとう」と感謝しているお客さまも大勢いらっしゃいます。

　そんなお客さまの1人が、あつこさんへサプライズのプレゼントを贈ってくださいました。ローソンでは季節ごとの催事商品も展開しますが、ある年、「母の日ギフト」のお花が、なんとお客さまからあつこさん宛てに届いたというのです。

　お客さまからご予約を受けたクルーは、届け先があつこさんであることを当然知っています。ですが、お客さまからの内緒の贈り物を喜んでもらうために、あつこさんには秘密にしていました。

　さらにあつこさんは、お客さまだけでなく、クルーたちからも、心のこもった母の日のプレゼントをもらったそうです。「あつこ店長のお休みチケット」と書かれた、手づくりの回数券です。

　毎日笑顔を絶やさず働くあつこさんの姿を見ていたクルーたちは、「いつもがんばるあつこさんにたまにはゆっくり休んでほしい」と、子どもの頃に親のためにつくった「肩たたき券」をヒントに「お休みチケット」を考え出しました。「休めるときにこのチケットを使ってもらえれば、誰かが必ずあつこさんの代わりにシフトに入ります。最優先で休んでください」

クルーたち全員からの心優しいメッセージと、日頃の感謝の気持ちがこめられたチケットを、「もったいなくて使えないわ」と、あつこさんは大切にしまっています。

第2章
おもてなしの極意

たった1店舗での体験が、チェーン全体のイメージに置き換わります

　新潟県のある紳士のお話です。娘さんの親孝行で、お正月を暖かい沖縄県で過ごすことになりました。娘さんがレンタカーを運転し、ご両親と3人で沖縄美ら海水族館へ行った帰路、その頃ちょうどニュースに取り上げられていた辺野古へ寄ってみようという話になりました。

　ところが道がまったくわかりません。そこで、飲み物を買うためにたまたま入ったローソンで尋ねてみました。

　学生らしき若い男性店員は、とても感じがよく、自然な笑顔がさわやかです。彼は、
「僕も沖縄県民じゃなくて、あまり詳しくないんです。沖縄の地名って読み方も難しいですよね」
と言いながら、「ちょっと待っていただけますか？」とバックルームへ消えました。すぐに自分の携帯電話を持って出てくると、検索開始。

　そして、ご家族3人を外へ促し、店舗駐車場の前の道まで行き、「たぶん……」と前置きのうえで、懸命に説明してくれました。

　結果、彼のおかげで3人は無事に辺野古へたどり着けました。特に普段コンビニを使ったことがなかったお父さま

の感激ぶりは、大変なものでした。
「コンビニは若い人が行くお店。急いでいる人がバタバタと用事をすませるお店。愛想や情緒という言葉とは無縁の場所だと思いこんでいたが、こんなに親切にしてもらえるなんて」

　わずか数分間の嬉しい出来事は、南の島から2045キロの距離を飛び越え、北の国で花開きます。お父さまは新潟に戻られて以来、ローソンをご愛顧くださっているそうです。

　あのとき対応した男性クルーの江藤くんの笑顔と優しさが、1つのご家族に温かい思い出をつくり、ローソンのファンを増やしたのです。

　江藤くんの例のように、クルーが思わず取った行動がお客さまの心に深く刻まれ、ローソンを愛していただくきっかけになることがあります。もちろんローソンにとって嬉しいことですが、それだけでなく、彼は沖縄の観光大使のような役割もしているのだと私は思います。

　というのも、彼がいる店舗は観光でお越しになるお客さまも非常に多いのです。ですから、彼の優しさが沖縄のイメージアップにもつながります。

　お客さまと接する機会がある限り、社員であろうとアルバイトであろうと立場は関係ありません。誰にでも、お客さまが感動なさる接客のチャンスはあるのです。

学びと気づき

　たまたま初めて行った店舗の、スタッフの接客がよくなかった、品揃えが悪かった、店内の汚れが目立った、お店の雰囲気がイマイチだった……。こういう経験、誰にでもありますよね。

　そのお店がチェーン店だった場合、「最初に行った店舗があんな感じだから、他の店舗も同じなのでは？」と思って、もうそのチェーン店には足を運ばない、そんな方もいらっしゃるでしょう。

　再び嫌な思いをしたくないですし、せっかく寄るのにわざわざ残念な気持ちになりたくありません。自分にとってマイナスになるような経験をする可能性が少しでもあるなら、同じ業種でまったく別のお店に行けばよいと思うのは自然なことだと思います。

　たった1店舗だけしか行ったことがないのに、同じチェーンのお店はどこも同じだと考える。たった1店舗での体験が、お客さまのそのチェーン全体のイメージを決定づけるのです。

　だからこそ、いつ、どんなときも、お店に立つスタッフは手を抜かず、そのときにできる最高の対応を心がけなければいけません。あなたのちょっとした対応のまずさが、チェーン全体の印象を悪くさせるかもしれないのです。

ただ、その逆も当然で、初めて行ったお店の対応がよかったら、「このチェーン店はどこへ行ってもきっと素晴らしい」というイメージをお客さまに持っていただけるかもしれません。お店に立っているときは、そのチェーン全体の代表としてお客さまに接している、その意識を忘れないことが大事です。

ゴールデンルールとプラチナルール

　ゴールデンルールとプラチナルールについて、ご存知ですか？

　ゴールデンルールは、「自分がされて嬉しいことをしましょう」というものです。相手のことをよく知らないうちは、何をしたら相手が喜んでくれるのかは経験値がないのでわかりません。だからまず、自分がされて嬉しいことをして差し上げる。さらに言えば、少なくとも「自分がされて不愉快だと思う態度は絶対にしない」ということです。

　ゴールデンルールから一歩進んで、相手のことを少しでも知っていれば「こうしたらいいだろう」「こんなふうにしたら相手がニコッと笑ってくれたから、次もこうしよう」など、過去の経験と将来に向かって想像力を働かせ、「相手がされて嬉しいと思うことをやって差し上げましょう」と

いうのがプラチナルールです。

　おせっかいかもしれないけれど、ちょっと先回りして準備したり、こうしたらこのお客さまは手間が省けてきっと喜んでくださるだろう、というようなことをするのです。

　たとえば、いつもタバコを買われるお客さまがいらっしゃるとします。そのお客さまが店内に入られたと同時に、銘柄を覚えているスタッフが「こちらですよね」と笑顔でタバコをお渡しできれば、お客さまが喜んでくださる可能性が高いです。これがプラチナルールの一例です。

　自分のことを知っていてくれる、わかっていてくれる。お客さまがそう感じてくださることが大切です。お店のスタッフが自分のことを理解してくれるというのは、多くの人にとって心地よいものです。

　しかし、「お客さまのことをわかっていますよ」ということは、表現しないと伝わりません。お客さまが買われるタバコの銘柄を知っていても、「〇番のタバコをください」と言われるまで何もしないスタッフもいます。毎日のように来ているのに、お客さまから言われて初めて動く人と、言われる前にスッと用意できる人では、お客さまが受ける印象は大きく違います。

　同じ距離にコンビニが2軒あったら、お客さまは自分にとって快適なお店に通うでしょう。そう思っていただける接客が求められているのです。

　タバコの取り扱いがないお店でも同じです。「あのお客さ

まはこの商品をいつも買われる方だ」とスタッフが気づいたものの、ふと棚を見ると「あっ、ない！」という事態があります。商品を切らさないように気を配っていても、急な雨で傘が一気に売れるように、何かのタイミングで商品がなくなることはあります。

そんなときは、いつものそのお客さまに、先に声をおかけしてもよいと思います。棚へ向かうお客さまに、「ごめんなさい、あの商品はさっき売れてしまいまして、申し訳ありません。もう頼んでいますので16時までに届きます」とか、「明日の10時には来るんですよ、よかったらお取り置きしましょうか？」など、実際に声をかけてくれるスタッフがいます。これはもう完全にプラチナルールですね。

学びと気づき

お客さまの先を見越して声をかけるプラチナルールの実践は、慣れるまで少し勇気がいるでしょう。心の中ではわかっていても、いざ声に出すには「おせっかいかな？」と心配になる紙一重のところなのだと思います。

「余計なお世話だよ」と思われるお客さまもいらっしゃるかもしれませんが、不安を乗り越えて一歩、あるいは半歩、踏み出してみましょう。

お客さまに自らひと声かけることができたとき、も

> し喜んでいただけたら、とても嬉しくて「またやろう」と思えるようになります。仕事に慣れ、気持ちに余裕が持てるようになったらぜひ試してみてください。
>
> 　ハードルが高ければ、まずはゴールデンルールからトライしてみましょう。ゴールデンルールにしてもプラチナルールにしても、相手のことをきちんと見ていないとできません。これは接客だけでなく誰にでも共通することですね。

「セールストーク」ではなく、「お知らせトーク」＋「おすすめトーク」です

　コンビニで買い物をするときや、ファストフード店で注文をするときに、レジでこんな声をかけられた経験がありませんか？
「こちらの新商品も、ご一緒にいかがでしょうか？」
「今、こちらのセットがお得です」
　新商品や旬のキャンペーン商品などをお客さまにご提案する「セールストーク」です。
　ただ、お客さまにお伝えするのが苦手なスタッフもいます。店長から「この商品を一緒におすすめするように」と指示されても、なかなかお客さまに言えないのです。なぜ

かというと、緊張したり、気恥ずかしかったり、「断られたら嫌だな」と思ったりしているからです。

　私は「セールストーク」という言葉そのものが、なんだか売り手本位のようで、あまり好きではありません。そこで研修では、「セールストーク」を店内の「お知らせトーク」と対面の「おすすめトーク」の２つに分けて説明しています。
「お知らせトーク」とは、「今できたてなので美味しいです」とか、「からあげクン１個増量中でお買い得です」「今までになかった新商品が仲間に入りました」というような、お客さまにとって小さなハッピー情報をお知らせすることです。

　要は、あくまでもお客さまの立場で考えるのです。お客さまにとってお得だと思うことは、お知らせするべきですよね。そしてその「お知らせトーク」は、何を言っているのか、お客さまに届いてこそお知らせです。このとき、お客さまとのアイコンタクトは不要です。

　たとえば、今、お客さまがお店に入って来られました。「いらっしゃいませ」の挨拶には、極力「５つのポイント」を採り入れますね。

　しかし、そのまま続けて、お客さまの目をじっと見ながら「黄金チキンが揚げたてです。いかがでしょうか？」と言ったら、そのお客さまはどう思われるでしょうか？　普通は身構えてしまわれるはずです。「えっ、押し売り？」と

思って引いてしまうかもしれません。

　入店時のお客さまや、店内にいらっしゃるお客さまにお伝えする「お知らせトーク」は、誰の目も見なくてよいので、耳に訴えましょう。明るく、天井から降り注ぐような声で、きちんと聞きとれるように言うことを心がけてほしいと思います。

学びと気づき

　店内に響くように言う「お知らせトーク」がある一方で、目の前のお客さまと対面してご案内するのが「おすすめトーク」です。レジのお会計時などに、直接お客さまにおすすめすることです。

　研修では、レジ横にあるホットケースを覗きこんでいらっしゃるお客さまを想定して、積極的に声をかけてみる練習も行ないます。「今はこちらがお得ですがいかがですか？」「できたてホヤホヤです。いかがですか？」など、お客さまのお顔を見て会話するのです。「おすすめトーク」は、明るい声で美味しそうな雰囲気で伝えることがポイントです。

　ただ、対面でおすすめするのはなかなか難しく、得意な人と苦手な人がいて当然です。常連のお客さまに話しかけることから、チャレンジしましょう。少しでもできるようになれば、お客さまと会話のキャッチボー

ルが楽しめ、仕事がもっと面白くなります。

買うか買わないか、決めるのはお客さまです!

　お店にいらっしゃるどのお客さまに「おすすめトーク」をするのかは、スタッフ自身が見極めなければいけません。急いでいらっしゃるお客さまには、「今は迷惑」ですし、余裕があっても「すすめられるのが常に嫌い」なお客さまもいらっしゃると思います。

　ですから、お客さまの様子に気がつく力が必要なのですが、自らおすすめするという気持ちを持つことは大切です。

　前提として、「おすすめしても断られるのが当たり前だと思って、明るくやればよい」と考えます。つまり、断られても「気にしない気にしない」の精神です。

　たとえば、デパートの地下やスーパーマーケットの食品売場で、自分がお腹いっぱいのときに試食をすすめられた場合、あなたならどうしますか? 軽く、「けっこうです」と断るのではないでしょうか。軽く断るというのは、決して意地悪で言っているのではありません。悪意がないことは自分がお客さまの立場になればわかりますよね。

　ですから、「お客さまに断られて当たり前」、でも、お客さまにとってよい情報はしっかり提供する。そこまでがお

店側の大事な役割であり、最後に買うか買わないかを決めるのはお客さまのご判断です。

　情報を受けたお客さまが「いいな」と思えば買ってくださり、「今はいらないな」と思えば断る。本当に、ただそれだけのことです。お客さまが決定なさるのだから、断られてもスタッフは何も気にする必要がないのです。

　行動する主語は「お店のスタッフ」ですが、判断する主語は「お客さま」ですね。そう思えば、安心して「おすすめトーク」ができるのではないでしょうか。

学びと気づき

　「おすすめトーク」は、お客さまに断られたときの態度こそ重要です。「いかがでしょうか？」と働きかけたのは私たちです。「おすすめする」というボールを投げたのは私たちスタッフ側なので、クローズも自分がするべきです。

　断られたときは必ず「またお願いします」と笑顔で明るく言って、終わりにします。自ら明るく終了しないと、なんとなく気まずい空気をズルズル引きずってしまうからです。

「また断られた、また断られた……」と思っていると、どんどん嫌な気持ちになり、次のお客さまに「もうおすすめしたくない」と、心がシャッターを下ろしてし

まうかもしれません。

　お客さまが「買わない」とおっしゃる意思を気に病む必要はありません。大事なのは、そこでリセットして、次のお客さまに新たな気持ちで向き合うことです。ある意味、心の持ちようだと言えるでしょう。

　相手から断られるという結果は、さまざまな場面で起こり得ます。ちょっとおすすめしてみたり、ちょっとお話してみたときに、「今はいいです」「けっこうです」と断られる。

　そのときこそ、がっかりせずに前を向くチャンスのトーク例として「そうなんですね、失礼いたしました。またご縁があればお願いします」と言いましょう。

　お互いに気持ちよく！　そう思えば気分的にだいぶ楽になりませんか？

物の魅力と人の魅力

　コンビニの存在は、物の魅力と人の魅力から成り立っていると私は思います。

　まず大事なのは、物の魅力です。お客さまは買い物をするために来店されるわけで、そこに欲しいモノが置かれていなければ、がっかりしてしまいます。どんなにスタッフの雰囲気がよくても、お客さまが次にまた来てくださるか

わかりません。

　美容院でたとえてみましょう。明るく感じのよい美容師さんがカットしてくれて、パーマの間に飲み物をいただき、とてもくつろぐことができました。ところが、できあがった髪型がひどく気に入らなかったとしたら……。

　どんなに人が優しくて気持ちよくても、髪が元通りに伸びるまで3ヵ月かかるとなれば、2度とその美容院には行きたくありませんよね。

　病院でも同様です。受付の人もお医者さんも看護師さんも親切で、説明もわかりやすくしてくれました。でも肝心の病気が完治しなければ、別の病院を探すでしょう。

　そうです、まず本業で求められる技術の確かさは必須なのです。

　コンビニの生業は小売業です。お客さまの欲しいモノがなかったら、行っても無意味です。買いたいモノがなかったら、もうNOなわけです。ですから、モノが置いてあるのは必要最低限なことだと言えます。

　もっと言えば、それが「ほしいな」と思わせるモノであり、「美味しいな」と感じていただけるモノで、どうせ行くなら、そういうモノがたくさんあるほうがよいに決まっています。

　お客さまはストレスなく、欲しいモノを気持ちよく買いたいのです。この希望を満たしてくれるお店をひいきになさるはずです。すなわち、「このお店が好き！」という状態

です。

「好き」より強い理屈はありません。「近くに同じようなお店が複数あるなら、迷わず、このお店に行く」。そして、その"好き"の要素が、大きく分けて、物の魅力と人の魅力です（図4）。

図4 ● 物の魅力と人の魅力

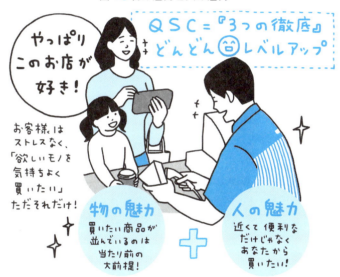

では、人の魅力とは何でしょうか？ 人の魅力と信頼関係について考えてみましょう。

まず、一般的に自分の話を真剣にちゃんと聴いてくれる人には、好意的な気持ちが生じませんか？ 自分も、その人の話を聴こうとしますよね。自分のことを理解しようとしてくれる人がいたら、その人のことを理解してあげよう

と思いますよね。これが人と人の自然な姿です。

　日頃から大切にされている人は、やはり他人を大切にしてあげようとしますし、たくさん「ありがとう」と言われている人は、「ありがとう」を言えるようになります。

　これはお客さまでも、仲間同士でも同じです。

　近くて便利という必須の物理的な要素だけでなく、働く人の魅力が見え隠れするお店になるために、自分から周りのメンバーに対してやってみましょう。このような小さな積み重ねがきっと、チームワークづくりにつながっていくと思うのです。

学びと気づき

　期待通りに欲しいモノが置いてあれば、その店舗はお客さまの物質的な満足度を満たすことができます。そこにプラスアルファで、スタッフの笑顔や親切な対応が加われば、「このお店、なんかいいな」と思っていただけ、お客さまの精神的な満足度が上がります。

　このどちらも満たされたお客さまは、またそのお店に行きたくなるはずです。

　お客さまとスタッフの直接のやり取りだけに限らず、お客さまはそのお店の雰囲気も五感で感じ取っていらっしゃいます。オーナーや店長とスタッフたちとの間に風通しのよいコミュニケーションがあれば、それはお

店を訪れるお客さまにも伝わっています。
　逆もまた然りで、チームワークがよくなくギスギスした嫌な空気もお客さまに伝わってしまうのです。職場の雰囲気はその職場の力そのものです。
　そうであるならば、お店は常にどういう雰囲気であるべきか、わかりますよね。

あなたのお店にお客さまが来てくださる理由とは？

　あなたは、自分たちのお店にお客さまが来てくださる理由をご存知ですか？　なぜお客さまが自店を利用くださるのか、考えられる理由を思いつく限り書き出してみてください。

　書き出した理由を見たときに、「品揃えがいいから」「お弁当が美味しいから」など、"モノ"に関する理由だけではないですよね？

　どんなにたくさんの理由を書くことができても、それらすべてが"物の魅力"だったとしたら、注意信号が点滅します。物の魅力は、遅かれ早かれ追いつかれてしまうからです。

　ご存知の通り、コンビニ業界で考えても、物の魅力による競争は本当に激しいです。どこかのチェーンで安くて美

味しいドーナツを販売するようになったら、ほかのチェーンでもこぞって販売を開始します。

　業種業態に限らずどこの世界でも、あの会社より素晴らしい商品をつくりたい、売れる商品をつくりたいと思い、日々、研究開発に力を注いでいます。

　お客さまの心をつかむ魅力のある商品をつくっても、すぐに他社が同じようなものを発売してしまう。商品開発によって、競合他社と「追いつけ追い越せ」の競争を延々と繰り返しているのです。

　どこのお店でも同じようなものが手に入るなら、別にあなたのお店で絶対に買わなければいけない理由はなくなります。隣近所に同じようなものが価格差なく売られているのであれば、どちらで買っても変わらないですよね。つまり、だんだん〝物の魅力〞による差別化ができにくくなっているのです。

　もし、先ほど書き出した理由の中に、「〇〇さんがシニアのお客さまに優しいから」「いつも明るい△△さんの接客が人気だから」「××さんがこんなふうにしてくれるのが嬉しいから」といった、〝人の魅力〞に関する理由がたくさん出てきたら、それはすぐに真似されるものではないですね。真似したくても、同じスタッフがいるわけではないので、簡単ではありません。

　〝人の魅力〞があるかどうか、〝人の魅力〞があるお店は強いと言えるでしょう。

繰り返しますが、お客さまが「このお店が好き」と言ってくださる大きな要素は、2つの側面、物の魅力と人の魅力です。お客さまはお買い物に来ているのですから、物の魅力、つまり商品が揃っていることは大前提であり、絶対です。ですが、そこに人の魅力がプラスされていったとき、それはもう唯一無二になるのです。

学びと気づき

　〝人の魅力〟は、そのお店で働く人たちによって生み出されます。チェーン店であれば、モノはどこへ行っても同じであることが求められます。

　一方、身だしなみや接客オペレーションなど統一のルールは守らなければなりませんが、〝人の魅力〟はお店によってそれぞれに違ってかまいませんし、少しずつ違うものになるでしょう。そのお店で働く人たちの個性があるからです。

　あなたのお店の〝人の魅力〟は何なのか、考えてみませんか？　「これだ！」というものがないのであれば、魅力を育てていきましょう。オーナーや店長は自らが魅力を発揮できる存在になるべく、意識して行動してみましょう。

　常連さんが大勢通われている居酒屋さんを思い浮かべていただくと、わかりやすいかもしれません。食べ

> 物が美味しく、値段がリーズナブルであることに加えて、おそらくそのお店の店長さんが気さくで魅力的だったり、接客する店員さんが明るくて魅力的だったりするケースが多いのではないでしょうか。
>
> 　お客さまとのコミュニケーションが盛んで、「店長の顔が見たくて、今日も飲みに来ちゃったよ！」なんて会話が交わされていることも。これがまさに〝人の魅力〟ですね。
>
> 　コンビニでも、笑顔の挨拶や親切な対応は、〝人の魅力〟として大事なポイントです。

絶対にはずせない、前進立体陳列

　〝物の魅力〟をさらに高めることを考えたいと思います。お客さまが買いやすい売場の実現です。商品が揃っていると同時に、お客さまにとって見やすく、選びやすく、手に取りやすい状態で商品を陳列することも求められます。

　変な言い方になってしまいますが、仲のよい常連のお客さまであれば、お求めの商品がたまたまなかったとしても、類似の商品を買っていただけるかもしれません。「これがなかったから、こちらにしたわ」というような会話もあるでしょう。焼さけハラミのおにぎりを買いに来店されたのにたまたま品切れで、代わりにシーチキンマヨネーズのおに

ぎりを手に取ってくださるかもしれません。

　常連のお客さまですから、直接スタッフに「今日は焼さけハラミがないのね」と話しかけてくださったときには、「すみません、こちらはどうですか？　私、前に食べたことがあって、美味しいですよ」と他の商品をおすすめしても許していただける可能性が高く、また違う商品を試していただくチャンスと考えれば、話が弾むかもしれません。

　しかし、それ以前に、おにぎりがほとんどありません、サラダが何もありませんというように、モノがない事態は論外です。ある種類が欠けていれば、代替のモノをご提供できる。これが「物売業」にとっての大前提となります。

　ですから、お客さまが売場をご覧になったときに、「モノがちゃんとある」と感じていただかなければなりません。

　また、売場の商品がきちんと並んでおらずガタガタな状態になっていて、パッと見て何があって何がないのかよくわからないのもNGです。

　「前進立体陳列（略して前陳）」という言葉があります。これはモノを前面に出して置き、お客さまにお望みの商品を素早く選んでいただける状態にすることです。店舗という場所は、お客さまに対して商品を積極的にアピールできる状態をつくらなくてはなりません。お客さまがつい手を伸ばしたくなるような売場を保ってほしいと思います。

　たとえば、ポテトチップスのパッケージがよれていたら、四隅を引っ張って袋の中の空気を均等に整えれば、キレイ

に見えますよね。そういう意味で、「商品がハンサムに、美人に見えるように、お客さまが思わず手を伸ばしたくなるような面をつくりましょう」と私は表現しています。

　ペットボトルのお茶にしても、余裕があればただ並べるだけではなく、商品にはそれぞれ顔となる面がありますので、そちらを前面に出してもらいたいのです。すべての商品の顔がきちんと並んでいたら、「あっ、ここにはこれがある」とパッと見ただけでわかり、お客さまも気分よくお選びいただけます。

　どの棚の商品も、ハンサムに、美人に並べてあげて、お客さまが通りかかったときに見やすくわかりやすくしておくことが大切です。

　お店で働くスタッフたちは、みんなとても忙しいです。だからこそ、気づいたときに棚をキレイにする習慣を身につけましょう。キレイに整え直す必要のある棚は、店内にたくさんあります。すべての棚を一瞬でキレイにすることは無理です。

　しかし、何かの仕事をするために、またはお手洗いに行くときに、通りかかった棚の乱れに気がつくこともあるはずです。そこだけでよいので、たった1ヵ所でも「あっ、気になる！」と思った場所をキレイにしましょう。

　仕事は、「ながら」と「ちょこっと」を侮ってはいけません。何かのついでに通りかかったその棚だけでも、たった1つの商品でも整えれば、少なくともその棚だけはキレイに

なります。自分がキレイにしたその棚は、そこをご覧になりたいお客さまに、確実に「キレイ」をお届けできるのです。

また、お客さまが商品の陳列の際に近くを通られたり、補充中の棚の商品がほしいと思っていらっしゃる場合があります。そのようなときには、品出しの最中でも「どうぞ」と笑顔でお客さまに場を譲りましょう。

補充する商品のボックスを「ちょっとよけますね」と言ってほんの少し移動させます。こうした一言があるかどうかで、お客さまが受けられる印象は大きく違ってきます。

学びと気づき

棚に商品が並んでいないという最悪の事態は、何としても避けなければなりません。棚から商品が減っていたら、すみやかに売場を立て直します。それは何よりも優先してやりましょう。

「ながら」と「ちょこっと」が大事な心がけなのですが、売場を立て直すために、ある程度時間帯を決めて、一気にサッとやってしまうことも必要です。それは、できる時間帯と、やりたくてもできない時間帯があるからです。たとえば、お昼の混雑が去った後の時間帯や、便が納品される時間帯は、みんなで一気に整えることが効率的ですね。

"ちょっとしたトラブル"でも真摯な対応を

「すみません、そちらに封筒を落としてしまったかもしれないのですが……」

男性のお客さまから、切羽詰まった声で電話がかかってきました。その男性がカバンに大事な封筒を入れて立ち寄られた場所は2カ所あり、そのうちの1カ所がローソンだったため、「落ちていないですか？」という確認の電話でした。

中身の見えない封筒だそうですが、財布を出したときに落とされたらしく、カバンを開けたらなくなっていたので慌てて問い合わせているとおっしゃるのです。

そのとき働いていたクルーたちは、店内は当然のこと、店頭や駐車場まで一通り確認しましたが、それらしい封筒は見当たりませんでした。もしかしたら何かの拍子にゴミ箱に入ってしまったのかもしれないと思い、念のためにゴミ箱の中身も確認することにしました。

ゴミ箱が店頭に置かれているスタイルの店舗であり、そのまま探るというのは、ほかのお客さまの手前できません。ですから、ゴミ箱の中の大きなビニール袋を店舗の裏へ持って移動し、手の空いているクルーが中身を出して探し始めました。

ちょうどそのとき、このお店を担当しているスーパーバ

イザー（SV）が巡回にやって来ました。

　様子を見て驚いたSVが、「何やってるの？」と尋ね、クルーが説明すると、「それなら一緒に探そう」と、SVも加わって再び探し始めました。しかし、それらしき封筒は見当たりません。

　するとそこに、先ほどの電話のお客さまが戻って来られました。ゴミ箱を隅々まで確認していたクルーたちの姿を見たお客さまは、

「ここまでしてくださって、ありがとうございます。本当にもういいです、十分です」

　と、とても恐縮されていました。

　残念なことに封筒は見つかりませんでしたが、お客さまは何度も何度も「ありがとうございます」と感謝の気持ちを口にされ、帰って行かれました。お客さまを思いやるクルーたちの心、何とかお役に立ちたいと願う気持ちは、きっとお客さまに届いたことでしょう。

　1人のお客さまの探し物に、こんなふうにいつもみんなで対応していたらきりがないですし、本来やるべき仕事に支障が出ると考える人もいるでしょう。

　24時間365日営業しているコンビニでは、それこそ〝ちょっとしたトラブル〟が起こるのは日常茶飯事です。

　ですが、当事者にとっては一大事です。お客さまがお困りならば、できる範囲内での対応を惜しまないお店であってほしいと思います。

学びと気づき

　忙しさにかまけておざなりな対応をしてしまうと、「このお店の店員の対応はひどい」といった印象を持たれてしまうかもしれません。

　誰もがインターネットで情報発信できる時代です。残念ながら、気に入らないお店や店員の情報をすぐ書きこめますし、誰でもそれを見られます。

　マイナスの情報は一気に広まっていきます。コンビニに限らず、接客に関するお客さまとお店のトラブルがネットに書きこまれ、そこからニュースとして大きく報道される事態も最近増えています。

　せっかく話題にしていただくのなら、「こんな素晴らしい対応をしてもらって嬉しかった」と、プラスの情報がよいのはもちろんですね。

　「このお店は気持ちいい」と思っていただけたら、お客さまはその後もお店のファンになってくださるかもしれません。

　それは何か特別なことをするというわけではなく、目の前で困っているお客さまに真摯に対応する、自分たちができる限りの力を尽くしてお役に立つ、人として当たり前を実行するということではないでしょうか。

「おもてなし」は接客だけではない

　スタッフがニコニコしていて感じのよいお店だったとしても、そこにいつもほしいと思っているモノがなかったとしたら、お客さまはどうされるでしょうか？

　おそらく来店されなくなるはずです。最初は来てくださっていたとしても、いつかいらっしゃらなくなります。そのお店に行けば確実に欲しいモノがあるから、お客さまは安心して足を運ばれるのであり、モノがないとわかればそのお店に行く理由がないからです。

「お客さまは、欲しいモノを、気持ちよく、買いたい！」

　何度も申し上げますが、これは私がもっとも大切にしているキーワードです。冷静で突き放した言い方に聞こえるかもしれませんが、お客さまにとって、そこで働くスタッフたちの感情だったり、お店側の都合は一切関係ありません。

　お客さまは、欲しいモノを気持ちよく買いたいという目的でお店にやって来られます。ですから、スタッフたちはその目的を叶えていただくために、常に準備しておかなくてはなりません。お客さまのご希望に応えるためには、どうすればよいのか、それに尽きると思います。

　最低限の「モノ」が揃っているという安心感、信頼感が必要ですし、当然ながら、衛生という清潔感も求められま

す。さらに、ニコッと笑顔で対応できるという行為が加われば、まさに鬼に金棒です。

お客さまに気持ちよく買い物をしていただく店舗環境の根底にあるものは、QSCです。序章でも少しお話しましたが、Qは「クオリティ」、マチの暮らしになくてはならない品揃えを意味します。Sは「サービス」、心のこもった接客のこと。Cは「クリンリネス」、清潔でキレイなお店です。この3つが揃って「おもてなし」です（図5）。

図5 ● おもてなし＝QSCの徹底

「おもてなし」とは、「以って為す」が語源です。「何を以って何を為したいですか」というところから来ています。

記録に残っている最古の文献は、聖徳太子の「和を以っ

て貴しと為す」だと言われています。それは、「なあなあで仲よくやっていきましょう」という話ではなく、「仲間で喧々諤々いろいろな意見を正直に言い合い、それをもって1番よしとする合意と理解を、和の精神の本質として、大事にしましょう」ということを意味しています。

「おもてなし」の語源を踏まえると、私たちは何を以って何を為していくかが問われていると思います。ローソンでは、QSCを以って、お客さまの「欲しいモノを気持ちよく買いたい」という望みを為していくのです。

「おもてなし」と言うと、接客を指すように聞こえるかもしれません。しかしそうではなく、QSCのすべてが揃って初めて「おもてなし」の土台と言えます。この3つが徹底されて、すべて提供できる状態こそがコンビニにおける「おもてなし」なのです。

学びと気づき

どんなに丁寧な接客をされたとしても、買おうと思っていた商品が売っていなかったら、食べたいと思ったメニューが売り切れだったら、店員の対応に不満はなくても決して満足できないはずです。

接客だけをよくしても足りませんし、どんなに美味しいものでも清潔感がない場所でつくることは許されません。また、店員が「買うなら買って」というよう

> なツッケンドンな態度だったら、お客さまはそれを美味しいと思えないはずです。
> 　QSCのどれが欠けてもいけません。3つの徹底がすべて積み重なって、本当の「おもてなし」になるのです。
> 　そして、「おもてなし」は、一方通行ではなく双方向です。「このとき・この場・この人だけ」に寄り添うことから始まり、もてなす人もそれを受ける人も両者が嬉しくなる「最幸の感謝が生まれる瞬間」でもあると思います。

ローソンで本当にあった話

多国籍のクルーが働く お店の物語

「すごくがんばっていてもダメな時期もあります。そのときに腐らず、つらい状況下でも、商売の基本原則QSCと私の宝物であるクルーを大切に、いつもベストを尽くすこと。そうすれば必ず道は拓けます」

ステキな笑顔で語ってくれた直樹オーナーとの会話には、常にクルーを愛おしむ言葉が散りばめられています。そして繁華街のコンビニ激戦区で商売する中で、来店されるお客さまからも多くのことを学ばせていただいているそうです。

店舗の立地上、常連のお客さまもサービス業のプロが多く、「まさに日々お客さまに育てていただいている」と直樹オーナー。というのも、不満があればお客さまがはっきり伝えてくださるので、大変わかりやすく、解決が早いと言うのです。

新人クルーはドキドキするかもしれませんが、その場できちんと向き合うチャンスを与えてくださるお客さまは、非常にありがたい存在です。

直樹オーナーは新人クルーに限らず全メンバーに対して厳しい指導を行ないますが、注意した点が改善できたり、お手本となるような行動があれば、どんなに小さなことでも見逃

さず、クルーに感謝の言葉を伝えるように心がけています。「見ていてくれる」安心感と「褒めてくれる」幸福感は、クルーのやる気を高める重要な要素です。

　最近では、外国籍のクルーたちもこのお店で活躍しています。外国人ゆえの言葉や文化の壁はお互いに苦労もありますが、一生懸命にやっていると、理解と信頼がだんだん深まっていきます。

　直樹オーナーは外国人クルーに対して、接客レベルを上げるために、日本の文化を教え、まずは少しでも笑顔でお客さまと目を合わせてほしいと指導しています。

　また、思いやりのひと工夫として、外国人クルーの名札に出身地の国旗シールを貼りました。中国・ベトナム・香港・ブラジル・トルコ・エジプト・インドネシア・韓国……。なんてインターナショナルなお店でしょう！

　当初、国旗シールを貼ることを嫌がるのではないかと心配しましたが、当の留学生クルーたちに相談してみたところ、むしろ喜んで受け入れてくれました。祖国に誇りを持って働いてほしいと願う直樹オーナーの親心から生まれたアイデアです。

　逆に、国旗シールをきっかけにして、お客さまから話しかけていただくこともよくあります。「あなた、トルコから来ているの？　僕ね、行ったことあるんだよ。とてもよいところだよね」というふうに、この一言で常連のお客さまとすっかり仲よくなり、名前を呼んでいただけるようになったク

ルーもいます。

　お客さまから応援していただき、楽しく働けるなんて、これ以上に素晴らしいことはありません。

　名札で使うための写真は、同店舗の共育担当の絵美トレーナーが笑顔を撮影し、そのクルーのことを思いながら名札を作成します。大きな太い文字で「実習生」と表示された名札もどきを、笑顔写真と名前と国旗シールの入った自分の名札に交換するとき、みんな嬉しそうです。

　直樹オーナーは、いつまでも最初の気持ちを忘れずに「笑顔の鮮度管理」に努めてほしいという想いもこめて、「初心忘るべからず！」という日本語も教えてあげているそうです。

第3章 ワンランク上の記憶に残るおもてなし

お客さまの記憶に残る接客をしていますか？

　地方で研修やセミナーをするとき、私はできるだけ前日の午後に現地入りしています。到着したらホテルに荷物を置き、周辺のローソンへ足を運び、買い物をします。ありのままのお店を見たいからです。

　私が行くことは、特に知らせません。研修担当者がお店を訪問するとわかったら、みなさん身構えてしまい、余計な負担をかけてしまいます。私は普段の姿を知りたいのです。まさに覆面で、売場や清潔感を含め、そのお店の接客を受けるようにしています。

　店舗に行って気づいたことも、極力、翌日の研修の内容に盛りこみます。嬉しい話から始めて、ほかの店舗でも真似してほしいこと、改善したほうがよい点、ルールが守られていない様子など、時間が許す限り、「事実」を嫌な空気にならないように配慮しつつ、伝えるようにしています。

　地域や立地によって店内の雰囲気や客層はさまざまなので、お店のニーズに合わせた事例を出し、近隣店舗の事実を語ることで、オーナーや店長が「無関心ではいけない」と改めて自店を見直し、採り入れるきっかけになればと願うからです。

　「このクルーの接客は素晴らしい！」と思ったときは、具

体的に話します。ここで紹介するのは、まさにそんなクルーについてです。

　彼女との出逢いも、研修の前夜にエリア内の各店舗を回っていたときでした。地方では22時を回ると、そろそろお客さまが少なくなっている時間帯です。

　深夜のコンビニは品出しや清掃業務が多く、なかなか丁寧な接客がやりにくくなります。防犯の観点からも、本当は夜間こそ、顔を上げて元気な挨拶をすることが必須ですが、「夜中にコンビニへ行ったらレジに誰もいなくて困った」という経験をされた方もいらっしゃると思います。

　ところが、このお店では、「いらっしゃいませ、こんばんは！」と、とても明るい声で迎えてくれるクルーがいました。彼女はレジで接客する際も、しっかり私と目を合わせて笑顔で対応してくれました。とても気持ちがよく好感度の高い接客です。

　1人の客としてお店にいた私は、「素晴らしいわ！」といろいろ褒めたい気持ちを押さえて、あくまで自然に「明るくていい声ですね」と彼女に話しかけました。こちらがニコニコしながら話しかけると、相手もニコニコしながら返してくれるものです。「ありがとうございます」と、またとびきりの笑顔。
「気持ちのいい接客をしてくれて、ありがとう」
　そう言いながら商品の入った袋を受け取ると、彼女からこんな返事が返ってきました。

「ありがとうございます。実は私、ここで働くのは今日が最後なんです」
「えっ！　辞めるの？　すごくステキな接客なのに、どうして？」
　あまりに突然の告白に、理由を聞かずにはいられませんでした。
「私、アルバイトを2つ掛け持ちして忙しくて大変なので、1つに専念することに決めたんです」
　その言葉を聞いて思わず「うわー、それは残念！」と、心の底からがっかりする声が出てしまいました。そのくらい彼女のニコニコ・キビキビ・ハキハキした言動は、明らかにお店の雰囲気をよくしていたのです。
「最終日のお客さまにそんなふうに言っていただけて、嬉しいです。励みになります。がんばってやっていきます。本当にありがとうございます」
　私の気持ちを素直に受けとめて、最後まで笑顔で応えてくれた彼女のさわやかな印象は、今でも私の記憶に鮮やかに刻まれています。
　もし彼女が辞めることをもっと早く知っていたら、何としても私は彼女を引きとめたと思います。すぐにでもエリアの責任者である支店長に連絡し、「絶対に彼女と面談するようにオーナーさんへお伝えしてみてくださいよ！」と強く進言していたことでしょう。でも最終日の22時ではどうにもなりません。本当にもったいなかったです。

もともと人と接することが好きで、コミュニケーションを楽しめる人は、やはり格段に接客が上手です。こういう、ある意味で接客業が天職と言えるような人にときどき出逢います。

　そんな人が1人でも店舗にいて、みんなの気持ちを引っ張ってくれると、お店全体の印象も、そこで働く人たちの接客も、すべてがよい方向に向かっていくように感じます。

　しかし、そうではなくても、しっかり理屈とやり方を伝えることで、誰でもステキな接客ができるようになります。貴重な人財がやる気になるようにお手伝いをすることも、私の大事な仕事です。

学びと気づき

　接客の仕事をしていると、1日に何人ものお客さまにお会いします。それが何日も何カ月も何年も続けば、それこそ数えきれないほどのお客さまに会っているはずです。

　そのたくさんのお客さまの中の誰か1人でも、あなたの接客を覚えていてくれる人がいるでしょうか？「いい挨拶だね」「いつもありがとう」、そんな言葉をかけてもらったことがありますか？

　私は、ここでご紹介したクルーの素晴らしい接客を覚えています。たった1度だけ、2度と会うこともな

> いでしょうが、忘れません。
> 「あのときのあの人の接客、本当によかったな」と心から思うと、それは記憶となって残り続けます。店員さんの顔は思い出せないけれど、表情ややり取りなどの情景が、嬉しい感情とセットで、心のテープに録画されるのです。
>
> 　本当にめざすべきなのは、そんな小さくても温かな交流のひとコマとして、ふとしたときによみがえるような接客なのかもしれません。

「全員で、少しずつ、すべての時間帯」

　新店舗のオープン時や、既存店のリニューアルオープン時に行なう研修で、必ずお話することがあります。最強のチームワークでお客さまをお迎えするために、「全員で、少しずつ、すべての時間帯」という合言葉をつくりました。

　オーナーや店長や、ものすごく仕事のできるスタッフだけが猛烈にがんばっているお店だと、その人たちが疲れきって動けなくなったときに、お店は破綻します。

　コンビニは基本的に24時間365日、始まりも終わりもないという連続性の中に身を置く業態です。ですから、スペシャルなスタッフが2～3人いてお店を回すよりも、人柄がよくて、助け合うことを重視できるスタッフがたくさ

図6 ● 合言葉を使う理由

んいるお店のほうが、絶対に強いはずです。ですから、「お店という単なるグループではなく、ぜひステキなチームになりましょう」と研修では必ずお伝えしています。

「全員で、少しずつ、すべての時間帯」という合言葉を使う理由は2つです（図6）。

1つ目は、お店の外側から見た視点です。お客さまは24時間365日、どの時間帯に、いつ来られるかわかりません。「○月○日○時に行くからね！」と予告されるお客さまなんて、ほぼいないのです。

お客さまに何かを伝えるためには、「いつ来てもやっているよね」「いつ来ても言っているよね」「いつ来ても同じように対応してくれるよね」と感じていただける状態をつく

ることが必要です。少しずつでよいですから、全員が、自分の働く時間帯にしっかり取り組めば、お客さまに「何か」をお伝えできるチャンスは確実に広がります。

　2つ目は、お店の内側からの視点です。全員で合言葉の通りにやっていけば、意識すべきことが明確になり、お店全体の方向性が揃っていくはずです。全員が取り組むことで、成功したことも、失敗したことも、自分たちの体験の中で積み重ねていくことができます。だからこそ、この合言葉が重要なのです。

「笑顔の挨拶を徹底しよう」というお店の取組があるなら、全員が意識します。

　うまく挨拶できずに、「しまった！」と思うこともあるでしょう。でも、意識していれば、「次はちゃんと挨拶しよう」と考えることができるのです。100人すべてのお客さまにきちんと挨拶できなかったとしても、100人中80人には言えるようになるでしょう。

　意識するとしないとでは、大違いですね。そういうことを全員でやっていけば、お客さまに喜んでいただける機会は必ず増えていくでしょう。

学びと気づき

　スタッフが10人いる店舗で、1人のスタッフの対応がよくなかったとしましょう。普通に10－1＝9と思

うかもしれませんが、10−1＝0になるのが接客の世界です。10人のうちのたった1人のスタッフがよくなかっただけで、そのお店の印象は一気に悪くなってしまいます。そして、「あの人は」ではなく、「あの店は……」と言われるのです（図7）。

図7 ●おもてなしの輪

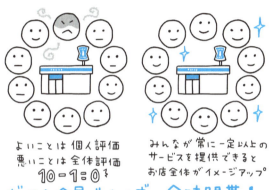

たった1人のスタッフの対応で、マイナスイメージがついてしまう。そうであれば、どの時間帯もスタッフ全員が少しずつがんばることで、プラスイメージへ転じましょう。当然、いきなり100点満点をめざすのは厳しいです。100点のスタッフが1人育つより、全スタッフを常に80点レベルに導くことが、オーナーや店長には求められます。

ポイントカードの所持を聞かないのは、1円を落としたままにすることと同じです

　ローソンで買い物をすると、レジでこう聞かれると思います。
「いらっしゃいませ、こんにちは。ポイントカードをお持ちでしょうか？」
　ローソンでは、買い物をする際に100円で1ポイントを貯めることができる「ポンタカード」をはじめ、各ポイントカードをお持ちか伺っています。
　ポンタカードはローソンだけではなく、さまざまなジャンルのお店でサービスでポイントを貯められるカードです。貯めたポイントは、特典と交換できたり、1ポイント＝1円として商品を購入する際の支払いに使えます。
　世の中、ポイントカードを採用する店舗が増え、買い物の際にレジでカードの所持を確認されることが頻繁になりました。それに伴い、「ポイントカードをお持ちですか？」と、行く先々で繰り返し尋ねられることに煩わしさを感じるお客さまもいらっしゃるのではないかと思います。
　時として、ポイントカードの確認はお客さまの心を逆なですることもあります。意志を持ってカードをつくらないお客さまも、急いでいてカードを取り出す余裕がないお客

さまもいらっしゃいます。お客さまそれぞれの考え方や状況がありますから、臨機応変な対応が求められます。

　明らかに急いでいらっしゃるお客さまには、「ポイントカードはよろしいですか？」と声をかけつつ、レジの作業もスピードアップしましょう。そういう場合は、カードについて長々と説明を始めるようなことは避けなくてはなりません。

　また、以前に「面倒だからつくらない」とおっしゃった常連のお客さまに対して、「ポイントカードをお持ちですか？」と別の日に再度お尋ねするのもいけません。いつも同じ時間帯に来店される常連の方は一定数いらっしゃいますので、そういうお客さまのお顔は徐々に覚えていくことが望ましいです。

　接客は、お客さまに気持ちよく買い物をしていただくためのものです。お客さまが不愉快になる行為をすべきではありません。ポイントカードをお持ちかどうかお尋ねする行為が、「余計なお世話」となるお客さまに対しては、それを覚えておきましょう。

　マニュアルに書いてあるからといって、誰にでも必ずポイントカードの所持を確認することが正解とは限りません。お客さまによっては、「ポイントカードのことはあえてお聞きしません。お客さまのことは存じ上げていますから」という気持ちで、お客さまに寄り添い、対応を変えられるのが本当の接客なのです。

もちろん、初めてご来店いただいたお客さまやお顔がわからないお客さまに対しては、お尋ねする必要があります。
　慣れないスタッフが、お客さまから「ポイントカードはない」とたて続けに言われてしまうと、お尋ねするのをだんだんためらうようになってしまうこともあります。何度も断られたり、面倒そうな顔をされると、「どうせ次のお客さまも……」と、つい躊躇してしまいます。その気持ちは私にもよくわかります。
　それでも、やはりお客さまには必ずポイントカードの所持をお尋ねします。ポイントカードは提示いただかないと意味がありません。ただ持っているだけではポイントも貯まりませんし、特典などにもつながらないからです。
　以前、あるローソンの店舗で働くクルーが、ポイントカードについてこんなことを言っていました。
「だって100円のお買い物で1ポイント、1ポイントで1円の現金として使えるんですよ。もし、お客さまが店内で1円玉を落とされたらお伝えしますよね。ポイントカードの所持確認をしないのは、落としたお金に気がついているのに教えないのと同じことです」
　名言だと思いませんか？　スタッフがきちんと確認しなければ、お客さまが損してしまうかもしれない。そう思える感性が素晴らしいと私は感動しました。常にそういう気持ちを持って接客に取り組んでほしいと思います。

学びと気づき

「ポイントカードはお持ちですか？」という問いかけに対して、もしお客さまに「ないです」と言われたら、笑顔で「失礼いたしました」と応えましょう。暗い声ではなく、笑顔で言うことが大切です。

これは、お客さまに対する「余計なことを聞いてすみません」というお詫びだけではありません。この一言で、お客さまに断られた、迷惑そうな顔をされたときに、自分の中に芽生えた〝嫌な気持ち〟に決着をつけるためです。

次のお客さまを笑顔でお迎えするために、「失礼いたしました」と言って、自分自身をリセットする。そうすることで気持ちを引きずらず、いつも笑顔で「ポイントカードをお持ちですか？」とお尋ねできるのです。

そして、逆に、ポイントカードをお持ちの常連のお客さまには、「ポイントカードをお持ちでしょうか？」ではなく、「ポイントカードのご提示、お願いします！」のほうがお互いにストレスがないですね。

「画面のタッチに
ご協力お願いできますか?」

　コンビニでお酒やタバコを購入する際は、20歳以上であるか確認されます。未成年の飲酒や喫煙は法律で禁じられていますので、その対策としてコンビニではお客さまに年齢確認をしなければなりません。ローソンではレジのお客さま側の液晶パネルに確認画面が表示され、「20歳以上です」という部分をお客さまにタッチしていただきます。

　このタッチパネルの年齢確認を巡って、さまざまな考えをお持ちのお客さまがいらっしゃいます。ごく一部の未成年者によるお酒とタバコの購入を防ぐために導入されているシステムですから、おそらく多くの方が「いちいちタッチするのは面倒だな」と感じていらっしゃることでしょう。

　実際、「明らかに未成年に見えないのに、面倒だ」「年齢確認だなんて、俺が20歳以下に見えるかよ！」といったお声が、カスタマーセンターに届きます。店頭で直接お客さまからそう言われた経験のあるスタッフもいるのではないでしょうか。

　そうしたお声を反映してだと思いますが、見た目から間違いなく20歳以上だと思われるお客さま、ご高齢のお客さま、常連のお客さまがタバコをご購入の際には、お客さまではなくレジを担当するスタッフが、にゅっと手を伸ばし、

年齢確認タッチを行なっている店舗がときどき見受けられます。いちいちお客さまの手を煩わせることを思えば、スタッフがタッチするほうが、お会計はスムーズに進むでしょう。

しかし、それでは年齢確認の意味がありません。お客さまを思っての行動でしょうが、本来はスタッフがそういったことをすべきではありません。先ほどの逆パターンとして、お客さまから「店員が勝手に確認ボタンを押すとは何事だ！」というお声が、やはりカスタマーセンターには届いているのです。

どういう対応が、お客さまにもスタッフにもストレスなく気持ちよいものなのか、私自身も思いあぐねていたのですが、ある店舗のレジに並んでいたときに「これだ！」と思う対応をしているクルーに出逢い、嬉しくなりました。

私の目の前のお客さまが、タバコをお買い求めになりました。タッチパネルに年齢確認の画面が映し出されます。そのとき、若い男性クルーが、

「お手数ですが、画面のタッチにご協力お願いできますか？」

と、笑顔でお客さまに声かけしたのです。

一般的に、「年齢確認、お願いします」「画面のタッチ、お願いします」という言い方が多いのではないでしょうか。

もちろん、その声かけで問題ありません。でも、「お手数ですが、画面のタッチにご協力お願いできますか？」のほうが、言われたお客さまは不愉快に思わないですよね。「め

んどくさいな」と思われにくいですよね。

　スタッフ側も、お願いしにくいと思っているのであれば、ぜひこの言い方を実践してほしいと思います。手を動かしながら、ニッコリ笑って声かけするのに３秒もかかりません。

　お客さまに画面のタッチを促すという意味は同じですが、「画面のボタンを押してください」と「画面のタッチにご協力お願いできますか？」では、受け取る印象は違ったものになりますよね。お客さまにより気持ちよく対応していただける言葉を選びましょう。

学びと気づき

　この男性クルーは、まだ16歳の高校生でした。そんな若者の見事な対応に私は本当に感動して、即刻このお店のオーナーに「素晴らしい！」と連絡を入れたほどです。

　でも、10代の若いクルーが、そんな声かけを自然にできるでしょうか？　絶対にありえないわけではないでしょうが、やはりオーナーや店長の指導がきちんと行き届いているからこそできると思いませんか？

　難しい局面で、お客さまにどういう言葉をかけるか。そういう場面でこそ、オーナーや店長がスタッフたちをよりよい方向へ導いていくことが求められるのです。

相手が心地よく感じる言葉や快く動いてくれる表現を、日々の仕事の中で学び、実際に使うことができたら、それは人として大きな成長につながります。特に、学生や外国籍のスタッフたちは、いつかきっとオーナーや店長に感謝するに違いありません。

お叱りの声はお店を代表して受けとめます

　接客の仕事をしていると、お客さまのクレームに対応しなければならないときがあります。コンビニの店舗でも、お客さまからお叱りの声を頂戴することがあります。

　たとえば、レジを担当していたスタッフが、お客さまから口頭で注意を受けたとします。そのときもっとも重要なのは、そのお叱りの内容をスタッフがいかに正しくオーナーや店長に伝えることができるか、です。

　お客さまからお叱りがあったり、不快なことを伝えられたときは、それを個人のこととして片づけないでほしいと思います。あなたが個人的に叱られているのではなく、あなたはお店の代表として叱られているのです。ですから、まずはお客さまが何をおっしゃっているのかを真摯に聴くことに徹してください。

　本当は、接客したそのスタッフの態度が悪くてお客さま

が怒っていらっしゃるのかもしれません。ですが、個人的に怒られているという受けとめ方をしてしまうと、スタッフによっては「どうして自分が叱られなきゃいけないの？」と思ってしまう場合があります。

しかし、「自分はお店のことで叱られていて、それを店舗の代表として受けている」と思えば、お客さまに言い訳をすることなく、素直な心で相手のおっしゃっていることを正しく聴けるはずです。

ここでもう1つ、大切な点があります。

お客さまのお叱りをどのようなルートで上司に伝えるか。店舗内における「精神的な安心感」と「確実な仕組み」という2つが必要になる部分です。「こんなことがありました」と事実を正確に伝えることができる人間関係づくりが、お店のリーダーであるオーナーや店長には求められます。

きちんとルール化をしていなかったり、普段から安心感がないと、「責められたくない」「怒られたくない」という気持ちが先に働いてしまいます。そのような状態でスタッフが報告すると、こんなふうになります。

「あのですね、実はお客さまがこのようにおっしゃっていて、私はこうしたんですが、お客さまはこうだとおっしゃるんです。でも私はちゃんとしたつもりで、お客さまが何を言いたいのかわからないんです」

これは要約すれば、「自分の接客は間違っていないはずなのに、なぜかお客さまは気分を害していらっしゃる。何が

悪かったのかわからない」と言っているわけです。

　もし、意味不明と思えるような報告をされたら、それは事実を正しく伝えていない証拠です。スタッフに何らかの自己防衛の気持ちが生じている可能性があります。つまり、オーナーや店長に安心して話せない、まだ信じ合えていない、と感じている気持ちの裏返しかもしれません。

　スタッフにとって安心感や信頼感を持てない環境は、たとえばオーナーや店長の顔色をうかがって、「今日は機嫌が悪そうだから近づかないでおこう」「もう少し機嫌がよくなってから報告しよう」となってしまう状態です。

　これではスタッフに余計な手間と精神的な負担をかけてしまい、オーナーや店長はスピーディーな現場把握ができなくなるため、大変危険です。オーナーや店長は、とても激務で大変な立場ですが、いつでも話を聴けるオープンな状態であることを日頃からスタッフたちに伝えておかなければなりません。

　また、クレームを受けたとき、その場に責任者がいればすぐ対応できますが、責任者不在時に問題が起こったらどうすればよいのか。そこもきちんとルール化しましょう。

　強盗などの大問題は、即警察に通報することは誰でもわかりますが、緊急性を要しない小さな問題にはどう対処するのか。たとえば、専用の連絡ノートに「結論を先に」、誰が読んでもわかりやすく「事実を」記入します。オーナーや店長は、出勤時に必ず回答します。同時に、電話連絡が

必要なケースも決めておくとよいでしょう。

また、どのような順序で報告を伝えていくのかも、メンバー全員で共有しておきましょう。まずシフトリーダーに伝え、シフトリーダーが解決できないときは店長に電話をする、などです。

精神的な安心感と物理的な仕組み。いざというときにスムーズに報告できるように、日頃から環境を整えておきましょう。

学びと気づき

　何か問題があって報告を受けたとき、それがお店の全員にかかわる内容であれば、オーナーや店長はスタッフ全員に伝えましょう。
「こんなことがあったから、みんなで気をつけようね。○○さん、対応してくれて、ありがとう」
　全員にどんなことがあったか共有すると同時に、その問題の対応にあたったスタッフに感謝を伝えます。こうすることで、全員が問題を知るのはもちろん、リーダーへ素直に事実を伝えられる環境も整ってきます。
　クレームについて話すときは暗く深刻になりがちですが、感謝の気持ちも一緒に伝えることをどうか忘れないでください。

日常の言葉に魂をこめましょう!

　言葉は、コミュニケーションの相手にも、自分自身の心にも大きく響きます。言葉は言霊です。言葉には神秘的な力が宿り、よい言葉を使えば幸せを呼び、悪い言葉を使うと災いを招くとも言います。

　だからこそ、マイナスイメージではなく、プラスイメージの言葉で話しましょう。同じことを伝えるにも、「××がダメだ」と否定されるより、「○○したらもっとよくなるね」という表現のほうが、はるかにやる気が生まれるでしょう。そこに笑顔も添えられていれば、バッチリです。

　また、マーケティング用語としては正しい言葉でも、お客さまの立場で考えると嬉しくない言葉がありますね。ニュースや新聞で、一言ズバリ的確に表現していて、カッコよく聞こえるかもしれない言葉です。

　オーナーや店長がバックルームで普通に話すには、何の問題もありません。ただ、スタッフを通じて、お客さまに届いてしまう可能性があるならば、日頃から避けたほうがよいでしょう。

　たとえば、お客さまを囲い込む、ポイントカード会員を獲得する、商品を売り込む、お客さまの声を吸い上げる、お客さまからクレームが来た、アルバイトに高校生を活用する、末端まで落とし込む……。

いかがでしょうか？　なんだか心がへこみませんか？

これらの言葉を言い換えるなら、お客さまと信頼関係を強くする、ポイントカード会員に加入いただく、商品内容を伝えて買っていただく、お客さまの声をしっかりと聴く、お客さまからお叱りやご意見をいただいた、高校生に活躍してもらう、メンバーみんなの理解を深める、などです。

文字数は増えるかもしれませんが、表現はいくらでもあります。口に出したとき、お客さまはもちろん自分自身にとっても気持ちのよい言葉を使いたいものですね。

学びと気づき

ローソンの「心のこもった接客」の定義は、「お客さまがまた来たくなる嬉しい接客」をすることです。そうであれば、お客さまが「エッ？」と疑問を抱かれるような言葉にも気を配りたいですね。

でも、神経質になる必要はありません。お客さまや一緒に働くメンバーのことを大切に思っていれば、使う言葉は自然に正しくなりますから、ご安心ください。

自分と相手が立っている場所は、物理的に同じはずです。少なくとも、相手が下にいて、自分が上にいる、という立ち位置の関係ではないですね。こう考えると、特に「吸い上げる」や「落とし込む」がなぜ望ましくないのか理解しやすいでしょう。

屁理屈だと思われるでしょうか？ いいえ、心のどこかで自分の立場を上に感じているから、これらの言葉に違和感がないのかもしれませんよ。

そして、お客さまの依頼を行動に移すときには、「はい、かしこまりました」の言葉を忘れないでください。ちゃんと対応しているのに、「返事もしない！」とお客さまから誤解を受けるのは、本当にもったいないことです。心の中にある気持ちを、ふさわしい言葉で伝えましょう。

お客さまの気持ちに寄り添う言葉をおかけしていますか？

「あの商品をどうしても買いたい！」とコンビニに立ち寄られるお客さまもたくさんいらっしゃると思います。そんなときにその商品が棚にないと、ショックですよね。私もガクッと落ち込みます。なぜ落ち込むのか、それは〝わざわざ〟寄ったからです。

棚にないのだから、今このお店にその商品はないのだろうと、容易に想像がつきます。しかし、どうしてもほしくて立ち寄ったわけですから、簡単にあきらめることはできません。レジに行き、在庫の有無を確かめます。

「ごめんなさい、あの商品、棚にないんですが、本当にな

いのかしら？」

　バックルームに在庫があるかもしれないし、もうすぐ商品を補充する便が着く頃かもしれない……。そんな淡い期待を胸に思いきって尋ねてみたのに、こんな言葉が返ってくることがあります。

「棚になければ、ないです」

　この言葉、お客さまの気持ちにまったく寄り添っていませんよね。「棚にないのはわかってる、それでも聞いているんじゃないの！」と、お客さまの反感を買ってしまうかもしれません。

　その商品を欲しているお客さまに寄り添う気があるのなら、第一声はお客さまの気持ちに共感してもらいたいです。あなたが欠品を知らなければ、

「えっ、棚にありませんか？」

　この一言で、お客さまの気持ちはずいぶん変わると思いませんか？

　もし別のお客さまがいらっしゃらず、自分の仕事も立てこんでいなければ、「少々お待ちいただけますか？」と、その棚まで見に行って確認するまでのことはしてほしいと思います。店内に商品がないことを把握している場合と、棚に商品がなくなっていることにまったく気づいていない場合があるからです。

　もし欠品を知っていたとしても、第一声の寄り添う心情は同じです。

「そうなんです、申し訳ございません」
　わざわざ商品の有無を確かめるお客さまは、今ここでその商品を買わなければならないお客さまであり、お店がお客さまの予定を狂わせることになります。しかし、商品がないという事実は変えられません。だからこそ、対応したスタッフはお客さまの気持ちに寄り添ってほしいのです。
「すみません、さっき見たときになかったんです。16時頃にトラックが到着する予定ですが、お急ぎでいらっしゃいますよね？」
　こうした言葉をおかけすることができれば、お客さまに商品を何とか提供したいという誠意を伝えられるのではないでしょうか？　お客さまの気持ちに共感し、寄り添う言葉は、残念な事実を理解や期待に変え、お客さまの信頼を失わずにすむかもしれません。
　場合によっては、お客さまの用途を伺ったうえで、こんな提案の仕方もあります。
「ごめんなさい、抹茶のロールケーキは売り切れてしまいましたが、定番とチョコの組み合わせで準備なさるのはいかがですか？」
「抹茶でしたら、和菓子ですが、クリーム大福も美味しいんですよ」
　お客さまの求めていらっしゃる商品の代わりになり得るものがあるのなら、それをおすすめすることもできます。お客さまによっては、「そうしてみようかな」と思ってくださ

るかもしれません。

　商品がないという事実は同じですが、そこでどんな言葉を発するか、よく考えてみましょう。「私の気持ちをわかってくれた！」と思っていただけることは、お客さまにもお店にも嬉しいことです。結果的に、お客さまを失わないということにもつながります。

> ### 学びと気づき
>
> 　このような対応は難しそうと思われるかもしれません。ですが、これは「あなたがお客さまだったらどうなのか？」というだけの話です。
> 　自分がどうしても手に入れたい商品なのに、売場にない。そのうえ、店員がツッケンドンな態度だったら、あなたはそのお店にまた行きたくなりますか？
> 「今日はたまたま商品がなかったけど、また行こう！」とお客さまに思ってもらうにはどうすればよいのか。ここが問われています。
> 　そのお客さまは、1日のうちのたった1人かもしれません。ですが、もしそのお客さまがかなりの頻度でお店に通われていた場合、心ない一言で、永遠にもう来てくださらなくなる可能性があるのです。その重みを考えてほしいと思います。

お客さま100人100色の
接客を心がけます！

　人間が一人ひとり全然違うように、お客さまもそれぞれ違います。10人10色、100人100色、1000人1000色です。さらに、同じ1人のお客さまでも、日や時間帯によってお考えが変わるかもしれません。

　そう思うと、いったい1人で何色なのでしょうか？　お客さま一人ひとりに完璧な接客をするなど、夢のまた夢のようです。

　それでも、お客さまの表情や行動を一生懸命に観察し、理想の接客をめざすことは決して不可能ではありません。コンビニのこんなシーンを想像してみてください。

　毎日ご来店くださっている、ちょっと怖そうなキャリアウーマンのお客さま。スタッフのあなたはお客さまのお顔を存じ上げていますが、お話したことはありませんでした。

　あなたがレジで接客をするたび、そのお客さまは硬い雰囲気のまま無言でお店を立ち去っていきます。どんなに精一杯の接客をしても、です。

　そんなお客さまがいらっしゃると、とても気になりますよね。お客さまから何かリアクションがほしいというわけではないのですが、「自分の接客に不満があるのかもしれない」と直感が働くでしょう。

自分の何がいけないのか……。「挨拶・言葉づかい・表情・態度・身だしなみ」の「接客5原則」といわれる項目に照らし合わせ、自分自身を振り返ってみましょう。どれかが欠けていると思えば、それを改善すればよいのです。

　しかし、自分としてはどれもできているような気がします。そうなると、ますますどうすればよいのかわからなくなりますよね。

　そこで、「もう1度だけきちんと基本からやってみよう」と思い、そのお客さまのご来店時に、自分の持てる力をすべて出して、今までよりもっと丁寧に、最上級の挨拶と対応を行ないました。

　すると、商品を袋に詰めるあなたに向かって、その女性のお客さまが強い調子で一言おっしゃったのです。

「速くして！」

　そうです、このお客さまの望みは、「丁寧なこと」ではなく「お待たせしないこと」だったのです。

　注意深くお客さまを拝見してみれば、ヒントとなるシグナルを発し続けていたかもしれません（図8）。

　たとえば、そのお客さまは足早にレジにやって来るときに、チラリと腕時計に目をやっていました。明らかに時間を気にされて、急いでいることを知らせていらっしゃったのです。

　お客さまの希望に気づいたあなたは、それ以来、どういう接客をするでしょうか？　おそらく、通常の2倍速で対

応するように改めるはずです。

図8 ● 信頼関係の根っこにあるもの

　最低限の礼儀は欠かしませんが、このお客さまには丁寧な分離礼よりも、スピードこそが最高のおもてなしです。

　商品を受け取りながら目を合わせ、笑顔で「いらっしゃいませ！」と同時礼で対応し、すみやかにお会計を始めます。通常より速く手を動かし、「急いでやりますね！」という気持ちを表します。そして、お客さまの背中に「いつもありがとうございます」と心から感謝の言葉を届けるようにしたのです。

　その繰り返しから1カ月が過ぎた頃、あなたにニコッと微笑むお客さまをどんなに嬉しく拝見したことでしょう。

いかがですか？　お客さまが発する小さなシグナルに気づき、そのときにあなたができる範囲内で最高のおもてなしを心がけましょう。

　時計を気にされるお客さま、速足でレジにやって来るお客さま、「今日も寒いね」と話しかけてくださるお客さま、笑顔で「いつもありがとう」と商品を受け取るお客さま……。それぞれのお客さまがどんな接客を求めていらっしゃるのか、想像してみてください。

　お客さまがさりげなく発信されているシグナルさえ見逃さなければ、対応することは難しくないはずです。

学びと気づき

　接客マニュアルにすべてのことが書かれているわけではありません。お客さまそれぞれの様子を見極め、その方にとってベストな対応を心がけることが、本当のおもてなしです。

　「アルバイトにそこまで求めるの？」と思う人もいるかもしれませんが、「喜んでもらいたい！」という気持ちを接客の基本に置けば、誰に言われるでもなくお客さまの様子を気にかけることができるようになります。

　せっかくお店で働いているのです。アルバイトとして同じ時間を過ごすのであれば、やりがいや楽しさ、成長があるほうがよいのではないでしょうか。

お客さまの求めていらっしゃる接客、それがどんなものかを察して実行する力をぜひ身につけていただきたいと思います。そうやって現場で身につけた力は、必ず将来どんな仕事にでも役立つはずです。

> ローソンで本当にあった話

地域の方々から頼られる麻季子さんの物語

　麻季子さんは、8歳と7歳のお子さんを持つ若いお母さんクルーです。彼女の気持ちのよい挨拶と明るい笑顔に会いたくて、お店に来てくださるシニアのお客さまがたくさんいらっしゃいます。

　麻季子さんが休みの翌日には、「昨日お休みだったけど、風邪ひいたんじゃないかと心配したよ」と、何人ものお客さまが声をかけてくださいます。

　「先週は時計を合わせてくれて、ありがとうね」と麻季子さんに話しかけるお客さま。お客さまのこんな言葉をコンビニで耳にすると、「えっ、時計?」と驚きますよね。

　このローソンには、「時計を買ったんだけど、目覚ましをセットする方法がわからなくて、教えてくれる?」と訪れるお客さまがいれば、「電池が切れたみたいなんだけど、単3と単4とどれを買えばいいのか教えて。それで、その電池をこれに入れてくれる?」という理由で訪れるお客さまもいらっしゃいます。

　そうしたお客さまのご要望に対して、麻季子さんは丁寧に応えます。お客さまのお持ちになった時計が、ローソンで購

入されたものでなくても、です。彼女には、優しく働きかける力と、優しく受け入れる力の双方が備わっているのでしょう。

　困ったときはローソンへ。まさにこの店舗は地域のみなさまから頼りにされる、街のよろず屋さんになっているのです。
「少しでもお客さまのお役に立ちたい。そう思って働くと、自分の得意なことも苦手なこともがんばってみたくなるから。できるようになったら楽しいから。喜んでもらえたら嬉しいから」
　そんな麻季子さんの心意気がお客さまから信頼され、麻季子さんが働く店舗も、麻季子さん自身も、「なくてはならない存在」として認められるのでしょう。
「あなたに会いたい、あなたから買いたい、あなたがいるからまた来たい」、これは接客業やサービス業において究極の状態です。そして、この最初の一歩も、やはり笑顔の挨拶から始まります。
　麻季子さんの働く店舗は、普段からシニアのお客さまが多いエリアです。ですから、いろいろな場面で、クルーが説明する声がお客さまには小さく感じられたり、商品に書いてある文字が細かくて見えにくかったりすることがありました。
　しかし、麻季子さんは普段からシニアのお客さまにも優しく接し、もしコピーのやり方がわからないと質問されれば親身になって一緒にやって差し上げていました。
　ありとあらゆることを解決してあげたいと行動する。彼女

のような人は、地方のコンビニに行くとわりと多くいると感じます。なぜなら、都会よりも圧倒的にシニアのお客さまの割合が高いからです。ただ、麻季子さんが、とても親切な人であるのは間違いないようです。

ローソンの店舗は全国に広がっていますので、立地エリアによって、接客の内容も少しずつ変わります。そうなる理由は、お客さまの層が違うからです。

最近、コンビニのコピー機の前で困っていらっしゃるシニアのお客さまを見かけることがあります。コピー機の機能が進化すればするほど、使い方は難しくなります。さらにデジカメが普及し、写真をどうやってプリントするのか、初めてだとわかりにくいものです。

しかし、全国の店舗に麻季子さんのようなクルーがいて、お客さまをお手伝いしています。もちろん彼女が対応する内容はマニュアル外です。

お客さまが、「これ、食べて！」と手づくりの煮物を麻季子さんに持ってきてくださったりすることも。お客さまからいただきものをするというのは果たしてどうなのか、という意見はもちろんあるでしょう。

しかし、人情のおつきあいが始まっていて、そういうことが許される場所でもあると思います。「ステキだな」と、私は率直に思うのです。

第4章 人財が輝くお店づくり

お店の想いは、誰もがわかる言葉で伝えましょう

　あるローソン店舗のバックルームのホワイトボードに、素晴らしいメッセージが書かれていました。そのお店のオーナー夫人が書いたものです。
　まずは魂がこもったその言葉を原文のままご紹介しましょう。

〝ありがとうございます〟。
　たった１秒ほどのこの言葉。お客さまのために、あなたのために。
　今では自販機でも、「ありがとうございます」と機械的に言います。
　私たちは人間として自分の言葉でお客さまと触れ合っていきましょう。
　人恋しくて自販機で済むものを、わざわざお見えになるお客さまもいらっしゃいます。
　そんなとき、あなたの元気な声が、あなたの明るい笑顔が、どんなにお客さまの心を和ませるでしょう。
　義務的に、「いらっしゃいませ。ありがとうございます」と挨拶していませんか？
　いつ、どんなときでも、明るい笑顔と元気な声をお客さ

まの心にお届けする。
　常に自分自身を戒めていきましょう。

　ステキなメッセージだと思いませんか？
　このメッセージには、オーナーが店舗を経営するうえで大切にしたい想いが表現されていると思います。「みんなでこんなお店にしましょう」と願う、目には見えないオーナーの心をホワイトボードに書くことで、いつでもクルーたちの目に見えるように伝えているのです。
　オーナーや店長は、「こんなお店にしたい、こんなお店でありたい」という想いを、店舗で働く全員に、何としても理解してもらいましょう。すべての仕事はそこに結びついて存在しますから、その想いを何が何でも曲げずに持ち続けることが大事です。
　忙しいうえに、人手が足りないと本当に大変です。それでも、スタッフ採用時には、自らの想いと必ず守ってほしい約束を伝えることを徹底しなければなりません。
　ぜひ全スタッフに対して、わかりやすい言葉かつ覚えられる文字量で、お店を経営する想いを明文化しましょう。
　どんなに高邁（こうまい）な精神であっても、辞書を調べなければわからないような難しい言葉、長くて覚えられない文章では、絵に描いた餅も同然です。スタッフたちも理解できないでしょう。それこそ、まだ社会をよく知らない若い高校生スタッフから酸いも甘いも経験されたシニアのベテランスタッ

フまで、誰が読んでもわかり、覚えることができるものがよいですね。

　たとえば、「お客さまもスタッフさんもお店にかかわるみんなが笑顔になってほしい」とか、「お客さまがまた来たくなる地域イチバンのお店をめざす」とか、「笑顔・元気・親切」など、短い文章やキーワードなら、誰でもわかるし、覚えられますよね。

　伝えたい想いが明確になったら、すべての仕事がそこに向かい、そこに結びついていることをわかってもらいましょう。商品をキレイに並べることも、くまなく掃除をすることも、お客さまに気持ちよく接することも、明るく「いらっしゃいませ」と挨拶することも、すべての仕事はその想いにつながっているのです。

　リーダーが抱く想いがスタッフに伝わっているかいないかで、まったく違うお店になっていきます。

　お店を舟にたとえると、私たちは同じ舟に乗り、港に向かって一緒に舟を漕いでいく乗組員です。ローソンで働くアルバイトのスタッフが〝クルー〟と呼ばれるゆえんは、ここにあります。

　目的地の港こそ、経営の想いであり、カッコよく言うと店舗理念です。めざす港のイメージができていないと、みんながバラバラの方向に舟を漕いでしまいます。オールの方向が定まらなければ、「こんなお店になりたい」というその想いは揃わないのです。

学びと気づき

　なぜスタッフ全員に想いを理解してもらうことが重要なのか。それは、オーナーや店長がずっとお店に立ち続けられるわけではないからです。

　コンビニは24時間365日の営業。どんなに情熱を持っていても1人ではできません。ロボットではないので休養が必要です。オーナーや店長の不在時も、その想いを受け取ったクルーたちが実行に移せることが大切です。

　短ければ3時間、長ければ8時間以上という切り分けられた時間の中で、どの時間帯もオーナーや店長の想いをお客さまに伝えていくことが求められます。

　店内を清潔に保つ、商品を見やすく並べる、お客さまに笑顔で接する……。

　お店のリーダーであるオーナーや店長が思い描く理想を実現してくれるのがスタッフたち。だから、スタッフはお店の宝物です。

　キラキラと輝きを放ってもらうためには、仕事のやり方を教える前に、お客さまとの接点において何が大切か、自店のあるべき姿を、全員で共有することが先なのです。

お店の空気を温めるための「ありがとうカード」

　店舗を運営するオーナーや店長は、当然お客さまのご満足を追求すべきです。ここで絶対に見落としてはならないのが、「お客さまご満足を実現するのは誰か？」ということです。

　お客さまが満足なさるように対応するのは、そのお店で働いているスタッフたちです。店舗で働くスタッフたちの満足度が高くなければ、心をこめてお客さまに接することはできません。スタッフ同士の輪が気持ちよいものでなければ、お客さまは居心地が悪いでしょう。

　顧客満足度の前に、従業員満足度を上げる。考えてみればわかりますよね。お店の雰囲気が悪かったり、スタッフたちの間にギスギスした空気を感じると、いくら笑顔で「いらっしゃいませ」と言われても、違和感を覚えるはずです。お客さまは意外と敏感に感じ取っていらっしゃるのです。

　それに働くスタッフも、そんな環境では心からお客さまをお迎えする状態になれません。スタッフのチームワークが悪ければ、それは連携できないことを意味しており、レジの混雑がいつまでも解消されなかったり、棚に商品が並ばない時間が長くなったりと、お客さまにご迷惑をおかけする可能性だってあるのです。そうならないためには、仕

組みと思いやりの両方が必要になります。

　組織の空気づくりにおすすめしたいのが、「ありがとうカード」です。これは、もう15年前に私の師匠であるザ・リッツ・カールトンホテル前日本支社長だった高野登さんから教わった「ファーストクラスカード」を真似たもので、仲間同士で相手の行動や振る舞いに感謝を示したいとき、カードに書いて渡す試みです。

　コンビニはお店が閉まることのない業態ですから、働いている人たちが対面で感謝を伝えるような時間を確保するのはなかなか難しいです。そこで、「店舗に『ありがとう伝言板』をつくって、そこに感謝の言葉を書きこむのはいかがですか？」と、一部のオーナーや店長たちに提案しました。実際に「ありがとう伝言板」を活用し始めた店舗から、「お互いに思いやりの気持ちが生まれ、コミュニケーションが活発になった」という声がありました。

　この出来事からヒントを得て、もともと以前から作成していた「ありがとうカード」をシール形式に変えました。当初は、カードの裏に両面シールを付けるなど、地味に手作業していたところ、「全面シールにしちゃえば？」と知恵を借してくれる仲間に救われました。

　一般的に、メッセージカードは書いた人と受け取った人との2人だけのハッピーです。私は、何とかお店みんなのハッピーに広げたいと願い、「ありがとう伝言板」を考えました。今度は、カードと伝言板の合体です（図9）。

「ありがとう掲示板」と名付けた用紙はA4サイズで、名刺サイズの「ありがとうカード」の裏面はシールになっています。1枚の掲示板には、8枚のカードをペタペタ貼ることができます。バックルームの壁にピンで留めた「ありがとう掲示板」を準備し、それぞれが書きこんだ小さな「ありがとうカード」を貼っていきます。

　用紙のスペースがいっぱいになったらバインダーに移して、お店で生まれた「ありがとう」の記録を残します。昔のアルバムのように、ときどきバインダーを開くと、メンバーの心が温まるのではないかと思ったからです。

　経過を見ていると、「ありがとうカード」を採り入れた店舗は、オーナー・店長・クルー、どの間もコミュニケーションの機会が増えた様子です。人のことを褒めようと思ったら、相手をしっかり見ないとまずできません。そうして人を見る癖がついてくると、自然にいろいろなものを見るようになり、必然的に気づく力がつきます。

　感謝を伝え合うことで、褒められたスタッフは仕事に対するやりがいや、そのお店の仲間たちと働く楽しさを実感するようになります。楽しく働ければ、従業員満足度は確実にアップしていきますよね。

「ありがとうカード」を書くことが目的ではありません。伝えたいと思う気持ち、見ていてくれたという喜び、このような体験を通じて店内のコミュニケーションが盛んになり、チームワークがよくなれば、お店全体がハッピーですね。

学びと気づき

図9 ●ありがとうカード・掲示板

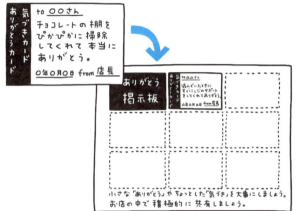

　ある店舗では、「ありがとうカード」を活用して一生懸命やっていたものの、次第にカードがなくても感謝を伝え合う習慣ができてきたので、カードの使用をやめたという話を聞きました。形式的に始めた取組から、誰もが自然な行動に習慣化したというのは素晴らしいことです。

　もし、「お店の雰囲気を少しでも変えたい」「チームワークを高めるためにどうすればいいかわからない」と悩んでいらっしゃるようでしたら、1つのきっかけづくりとして、「ありがとうカード」をおすすめします。

スタッフもお客さまも喜ぶ「みんなハッピー天使のサイクル」を回しましょう

　お客さま満足（CS）と従業員満足（ES）は、2つで1つ、並列のワンセットです。お客さまが喜んでくださるには、まずお店で働くスタッフ自身が楽しんで働いていることが必須だとお伝えしました。

　ここから発展して好循環が生まれる状態を、私は「みんなハッピー天使のサイクル」と呼んでいます。その概念をイラストにして掲載しました（図10）。

　まず、スタッフがいきいき働ける環境を考えましょう。「楽しい仕事をする」のではなく、「仕事を楽しくする」という前提で働いてもらいたいのです。そのためには、やはり知識を身につけて接客のレベルを上げていかないといけません。勉強したり、覚えたり、学ぶことはとても大切なことです。それを実際にやってみると、必ずお客さまに対する一つひとつの言葉や接し方がよくなっていきます。

　お客さまが「居心地いいな」と思ってくださると、もう1回、もう1品と、ご来店いただく回数もお買い上げの個数も増えていきます。当然、売上と収益もついてきます。

　そうなると、またお客さまと接する機会が増え、スタッフはお客さまのことを覚えたり、そのお客さまと接するこ

とが楽しくなったりするので、笑顔も自然に増えていくのです。

　いかがですか。すべてがつながっていて、好循環が生まれていくことがわかりますよね。これは1つのサイクルです。ニワトリが先か、卵が先か、という話と同じで、どこから始まっても OK です。

図10　みんなハッピー天使のサイクル

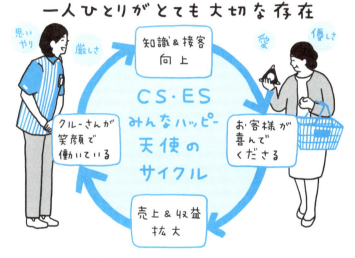

　このサイクルをより回していくために、知識や接客のレベルを上げたいと思えば、そこには思いやりや厳しさが欠かせません。お客さまが喜んでくださるようにしたいと思えば、そこにはお客さまに対する愛や優しさが必要です。

　そして、愛って、きっと「手間ひま」です。でも、大きな労力や多くの時間を費やさなくても真心を届けることは

できます。ちょっとしたことを言うか言わないか、小さなことをやるかやらないか。行動してみないとわからないことがたくさんあります。吉と出るか凶と出るか、ある意味、怖いですよね。

　一歩、いえ半歩を踏み出す勇気を持てれば、もっと楽しくなると思うのです。それは、とても大事な存在である一人ひとりが実行することなので、特定の誰かだけがやるということではなく、全員でチャレンジしましょう。

　お客さま満足を実現していくうえで、従業員満足が伴わない限り、真のお客さま満足は成立しません。どんなにお客さまが喜んでくださるからといっても、働いているスタッフたちが苦しみ続けるお客さま満足は、絶対に長続きできないからです。

　1度や2度であれば、つらくても力技で何とか結果を出せるかもしれません。しかし、何度かできたとしても、「お客さまはいいねって言ってくださるけど、もうこんなに苦しいこと、やれるわけないじゃん」と働くスタッフたちが疲弊してしまったらそれで終わりなのです。スタッフが笑顔で働けない状態では、お客さまをもてなすことはできません。その事実をどうか忘れないでください。

学びと気づき

楽しく働くためには、お店の仕事について「なぜそ

うするのか?」という理由や背景を知っていることが重要です。

「こうだからこうするんだ」という会話を通じて、スタッフたちが、「なるほどね」「そうなんだ」とオーナーや店長の言葉に納得し、共感してくれると、レベルアップのために練習したり、指導されたことを実践する機会が増えていきます。

だからこそ、確実なオペレーションが体に染み込むようになるし、教えてもらった理由や背景を踏まえ、「それならもっとこうしてみよう」「こんなこともやってみよう」と自ら知恵や工夫を加えるようになるのです。そうした行動が、お客さまの喜びの回数をどんどん増やしていくことにつながります。

オーナーや店長の想いがきちんと共有できているお店は、スタッフたちがいつもニコニコしています。そんなお店は確実に「みんなハッピー天使のサイクル」が回り続けています。

声を出すことでお店の チームワークを高めていきます

お店に入った瞬間、そこで働くメンバーたちのチームワークのよさを感じることがあります。空気感、というのでしょ

うか。

　たとえば、レジでお客さまからコーヒーを頼まれたときに、「カフェラテMサイズ、ありがとうございます！」と、スタッフが周りに聞こえる声を出すお店があります。

　その理由は3つです。

　まず、目の前のお客さまとオーダーに間違いがないか、確認できます。

　次に、明るく言うことによって活気が出て、ほかのお客さまにもお知らせ効果がある点です。「え、カフェラテ？　私も飲もうかな？」というふうに。お店に元気を生み、周りのお客さまにもアピールできるのです。

　もっとも大事なもう1つは、チームワークです。スタッフが声を出したときに、もし別のスタッフの手が空いていたら、「カフェラテMサイズ、ありがとうございます！」と、同じセリフを返します。そのまま気を利かせてコーヒーマシンのボタンを押します。つまり、スタッフ同士の仕事の連携をとる合図になっているのです。

　スタッフたちの連携は、声かけが基本です。これはコンビニに限ったことではないですね。

　飲食店であれば、「お客さま、3名さまご来店です！」「生ビール4つ、ご注文いただきました！」、ファストフード店であれば、「オーダー入ります、チーズバーガー1、オニオンポテト1です」。こうしたスタッフ同士の声かけを聞いたことがあると思います。

声を出さなければ、自分が今どういう状況なのか仲間のスタッフたちに伝えられません。逆に自分の手が空いていて、別のスタッフが声を出したなら、「あの人は今あの仕事をやっているから、私はこれを手伝おう」とか、「あの人は今こんな状態だから、じゃあこうしておいてあげたら次の作業がスムーズだな」と、ほかのスタッフのことを慮（おもんぱか）った動きができるようになります。

　つまり、チームワークとは、結局は思いやりです。お客さまや、仲間に対する思いやりから始まるものだと思います。

　お互いを思いやり、チームワークが生まれてくると、人間関係がどんどんよくなっていきます。そして、そういうお店ほど、スタッフが長く働き続けてくれます。

　どんな職業であっても仕事はきついものですが、コンビニの仕事も相当ハードです。でも人間関係が円滑であれば、がんばれます。

　反対に人間関係が最悪だと、もうそれだけで仕事に行くのが嫌になりますよね。仕事を辞める正当な理由になり得ます。1人だけでやれる仕事は本当に少ないからです。

　クルーの知美さんがこんなことを言っていたのが印象に残っています。

　知美さんは、会うといつも「もうめちゃくちゃ忙しいんです」と言います。そして必ず、「でも楽しいんです！」と続けるのです。私は彼女を見て、仕事の究極の姿だと思い

ました。そもそも仕事なので楽なはずがありません。厳しいから、お金をもらえるのです。

では、なぜ知美さんが「楽しい！」と言えるのか？　それは、「お客さまと仲よくなれるのと、一緒に働いている仲間と助け合えるから」だそうです。

コンビニで働くのは、本当に大変です。覚えなければならないこともすごく多いです。そんななかで、働く本質に近づいている知美さん、若いのにすごいなと思いました。

知美さんが勤務しているお店を訪れると、クルーを優しく見守るオーナー、明るい笑顔の店長、のびのび働くクルー、みんなの声が心地よく、みんなの力でお店が成り立っていることを強く感じます。

学びと気づき

働くことを本当に楽しめるようになり、仲間の存在の大切さを知り、やる気がみなぎると、オーナーや店長が放っておいてもスタッフは自主的にバリバリ働き始めます。

当然のこと、生産性は上がり、店内の活気が高まっていきます。スタッフ自身にやらされ感がないので、もっとがんばりたくなるのです。

スタッフがそんな気持ちで働けるためにも、まずオーナーや店長が元気な声を出しましょう。明るい声が響

> く店づくりができれば、新しく入ったばかりのスタッフも自然に声を出せるようになります。

催事はチームワークを高める大チャンス

　コンビニ各店舗でチームワークを高めるきっかけに持ってこいだと思っているのが、1年を通して取り組んでいる催事ごとの販促活動です。「ハレの日」という明るい印象もあり、お客さまのお財布の紐もゆるみますね。

　そこで、1年間のさまざまな催事に着目します。お正月のおせち、節分の恵方巻、バレンタインデーにホワイトデー、ひな祭りと子どもの日、母の日ギフトと父の日ギフト、お中元の時期に扱うサマーギフト、土用丑の日のうなぎ、お歳暮のウインターギフトにクリスマスと、1年中何かしらのイベントとそれに伴った特別な商品展開があります。

　各店舗では、自分たちのイチオシ商品をおすすめしたり、積極的にお客さまへお知らせします。特に常連のお客さまには、「ご予約はお済みですか？」「ご案内のチラシを一緒にお入れしますね」と声をかけます。

　このような予約活動において、やはり大事な入り口は、笑顔の挨拶です。どんなに上手に商品の説明ができても、

日頃から気持ちのよい挨拶がないお店で、大切な人にギフトを贈ろうと思うでしょうか？「どうせ買うんだから、このお店で買おう！」と思っていただくことが大前提です。

　また、店内を飾り付けたり、コーナーをつくったりと、お客さまの視覚に訴えるとともに、スタッフがご案内しやすい環境をつくります。

　さて、数ある催事の中で、おせちは価格も高く、もっとも販売しにくい商品でしょう。お客さまと信頼関係が強くなければ絶対に買っていただけません。一方で、もっともハードルが低いのは、節分の恵方巻です。値段もそこそこなので気軽に買いやすく、2月3日当日のランチとしておつきあいくださるお客さまも大勢いらっしゃいます。

　そこで12月中旬〜1月中旬に行なう研修でお話するテーマの1つが、「全員で恵方巻に取り組んでみよう」です。年初にお店全体で意識して、「みんなでがんばると楽しい」というベースを、ハードルの低い恵方巻の販促で確立していこうと呼びかけます。

「今年の恵方は南南東ですよ」「もうご予約されました？」「縁起物なのでおひとついかがですか？」など、初参加のメンバーが困らないように、トーク例も練習します。お店の販売目標を決めたり、言いやすいおすすめトークを考えたり、みんなで協力し合ってほしいのです。

　このときに、見事目標を達成したり、目標に近づくことで、全員が成功体験や、あと一息の悔しさなどを共有でき

ます。「みんなでがんばったら、これだけ販売できた」と実感したら、「次もまた！」と思えるはずです。

　誰か1人が猛烈にハッスルしたところで、それはほかのスタッフたちの成功体験にはなりません。みんなでがんばったという事実が大切です。

「みんなで協力すると、1人でやるより楽しいうえに、成果が大きい」ということを身をもって体験できれば、チームワークも自ずと高まっていきます。

学びと気づき

　大きな催事だけでなく、「からあげクン1個増量」や「おでん70円均一」など、定期的にお得なセールもあります。

　この際に、おすすめするスタッフが自店の商品の味を知っていることは、大きなポイントです。味覚も嗜好も人それぞれですが、いずれにしても、食べたことがあると自信を持ってお伝えできます。

　可能であれば、催事やセールの商品を小さく切り分け、味見という名の短時間ミーティングを実施してみませんか？　ほんのひと口の試食を楽しみながら、味の感想を言い合ったり、常連のお客さまはどんな商品を喜んでくださりそうか話し合うのもよいでしょう。

　みんなで1年のスタートを切るという意味でも、成

果に結びつきやすい恵方巻を第一ステップに、日頃のセールも階段の1つに組み込みます。

まずはお客さまに美味しい商品をおすすめする楽しさを、次に自分のイチオシ商品を買っていただく喜びを体験できたら、ますます仕事が面白くなるかもしれません。無理せず、階段は1段ずつ、確実にのぼるべきですね。

コンビニ以外の業態であっても、季節ごとの催事は大きなチャンスです。ほかにも、バーゲンセールや全店で取り組む割引キャンペーン、新商品のプロモーション展開、期間限定のイベント開催なども考えられます。

お店で働くみんなが1つの目標に向かってがんばれる機会に、ぜひチャレンジしてみてください。

全員参加で成功体験を積みましょう!

実際に全員で成功体験を重ねていくためには、それぞれの役割分担が大事です。夏の催事の1つである「土用丑の日のうなぎ」を例に、具体的にどうすればいいか考えてみましょう。

まずはみんなを引っ張るリーダーが必要です。「うなぎの予約、みんなに協力してほしいんだ！」と最初に口火を切

るのは、店長やオーナーがスムーズだと思います。

　その先は、リーダーのスタッフやまとめ役ができそうなメンバーに主導してもらうように頼みます。上からあれこれ言われてやるよりも、同じ立場のスタッフ同士が話し合って進めるほうがやりやすいですし、本人たちのモチベーションも上がって積極的になれる可能性が高いからです。

　リーダー役に、「みんなでやっていくのにどうすればいいと思う？」と考えてもらい、24時間365日のお店なので、全員が同じミーティングに出ることは無理ですが、極力みんなの意見を聞きます。

　そこからスタッフ全員にちょっとでよいので参加してもらうように進めます。お客さまへの声かけは当然やるとして、お店の全員で少しずつ、どの時間帯もみんなで何かをやっていく、この全員参加がとても大切です。

「それって面白そう、興味がある、得意かもしれない」と思った人が動き出してくれたら、ほかのスタッフはその人の動きに最初は引きずられるような感じですが、徐々にその流れに乗っていくところがあります。「みんなでやりましょうよ！」と行動してくれるリーダーがいれば確実にチームとしてまとまっていくようになるのです。

　ただし、このときに「リーダーが勝手にやっている」とほかのスタッフから思われて孤立してしまわないためにも、オーナーや店長はさりげなく助け舟を出すことが、流れをつくるうえで重要な役目です。

全員参加で取りかかるには、みんなが面白がって行なえることがよいでしょう。楽しくないことをわざわざやりたくないですよね。楽しんで参加できるものを考えます。
「じゃあ、うなぎのオブジェをつくって飾ろうか？」
「本部から来たパンフレットを切り抜いて、目立つポップをつくろう！」
「土用の丑の日にうなぎを食べるようになった理由とか、豆知識を載せてもいいんじゃない？」
「名札の下に『私のイチオシ』とか付けてみようか？」
　そんな楽しい案を出してもらい、全員で少しずつ実行していきます。
　何をやるかをみんなで決めたとしても、結果的に誰か1人だけが猛烈にがんばるようなことになってしまったらどうでしょうか？　その人には達成感があるかもしれませんが、ほかのスタッフはみんなでやったという実感が持てません。
　だからこそ、ちょっとずつ全員参加を重視します。学生時代にたとえると、部活や文化祭のようなものです。
　ポップを書くのが得意なスタッフには、中心になってもらいながらも、「下書きしておいたから、切り抜くのは2人に頼むね」「ここの色塗りは○○さんが担当です」「乾いたら、最後の飾りつけは△△さんにお願いしてもいいかな？」など、全員参加できるように役割を振ってもらいます。そうすることで全員が何かしら手伝うことができます。

大きな負担はNG、一方で無関心や疎外感は何としても排除したい要素です。一人ひとり個性があるように得意なこともそれぞれ違います。適材適所適時と言うように生かせるタイミングがあれば、ぜひ活躍してもらいましょう。全員が自分の得意なことを少しずつ発揮できれば最高です。

　このように、全員参加で準備して実際に予約をいただき、目標の販売数を達成できたとなれば、スタッフにとってもお店にとっても大きな成功体験です。

　結果が出たときに「やったね！」と喜び合い、「みんなでがんばったからだよね！」と誰もが思えれば、「じゃあ次はどうする？」「またみんなでつくろうよ」となります。こうして、チームワークはどんどんよくなっていくのです。

学びと気づき

　ここではうなぎの事例を出しましたが、たとえばクリスマスだったらみんなでツリーを飾り付けたり、サンタの格好をするのも面白いでしょう。

　みんなの知恵と工夫のおかげで、自分たちも楽しいし、何よりご来店のお客さまに季節感をお届けできる。その結果、「どうせ買うなら、ここで」と、お客さまが予約くださったら、どんなに嬉しいでしょう。

　ただし、さまざまな装飾は、日常の当たり前の地味な仕事の繰り返しがきちんとできていてこそ、また、安

全や清潔など最低限のルールをクリアしたうえで奏功することを忘れないでください。

さらに、スタッフがだんだん慣れてきたらもう1つ階段をのぼってもらいましょう。自分のおすすめで予約いただいたお客さまに、購入後の声かけをするというものです。

「先日はお買い上げ、ありがとうございました。クリスマスケーキのスノーボンブは、いかがでしたか？」

私がお客さまなら、「顔だけでなく、買った商品も覚えているなんて、やるな！」と驚きます。

催事に限らず、普段からみんなで楽しみながら取り組める目標を立てるのもOKです。でも、やらされ感が出てしまったり、誰か1人だけが苦労をしたり、逆に誰かだけが目立ってしまうようなことになるのは要注意です。

チームワークを高めるためには「全員参加で成功体験を積む」、この原則を心に留めましょう。

「ハッピー探し」でプラスの出来事を見つける力を養う

前述したように、「私たちは"みんなと暮らすマチ"を幸せにします。」はローソンの企業理念です。この理念をもと

に、それぞれの店舗は「どんなお店でありたいか」を考え、それを実現するために日々営業しています。

「みんな」とは、かかわるすべての人。「幸せにします」という言い切る形は、強い意志で取り組む姿勢を表現しているとご理解いただければ嬉しいです。

そこで考えておきたいのは、そもそもお店で働くオーナーや店長やスタッフが自分のことを「幸せだ」「ハッピーだ」と思わない限り、ご来店のお客さまに幸せをお届けすることなんかできませんよね。

毎日毎日生きていると、大きなことから小さなことまで本当にいろいろなことが起こります。その出来事は、もともと性格を持っているわけではありません。もちろん、すごく嬉しいこと、すごく悲しいことは、誰の目にも明らかでしょう。でも、小さな出来事だと、起こったこと自体を忘れてしまう人もいますよね。

また、「これはハッピーなこと」「あれはアンハッピーなこと」と、私たちが勝手に決めているような気がします。ある一面だけを見て、「これはよかった」「これはよくなかった」と思っていませんか？

それでは、みなさんのお手元に今あるもの、何でもけっこうです。上から見たときと、横から見たとき、裏返して見たときとでは、それぞれ形が違って見えますよね。同じ1つのものでもどの角度から見るかで形が変わるのです。

そうであれば、小さな出来事の見方を変えて「これって

きっとハッピー！」と捉えてみましょう。

　誰がどう見てもハッピーな出来事、不幸な出来事は変わらないかもしれません。そうではなく本当に小さな出来事を、「これってハッピー、だって〇〇だもん」と考えれば、自分の気持ち1つでいつでもハッピーやラッキーをつくり出せます。

　さて、みなさんは、どれくらいご自身のハッピーに気づくことができるでしょうか？　やってみましょう。今から24時間以内に起こったハッピーやラッキーを探してください。名付けて、「ハッピー探し」です。ちょっとした「よかった」を思い出しましょう。

　たとえば、「目覚ましが鳴る前にパッと起きることができた」「ランチに大好きなコロッケを食べた」「仕事でありがとうと言われた」「育てていた植木鉢に花が咲いていた」「出勤前のコンビニで、店員さんに笑顔で『いってらっしゃい』と言われた」「混み合うバスの席に座れた」……。

　そんなこと？　はい、些細なことをバカにしないでください。お客さまも私たちも、この小さな出来事の連続の中に暮らしていますから。

　いろいろ考えてもパッと思い浮かばないと感じたときには、視点を変えてみます。「田舎に行ったら電車の本数が少なくて15分も待った」、これだとアンハッピーですね。

　でも、「電車を待つ15分の間に駅から景色を眺めてほっと一息つけた」と思ったら、これは一転してハッピーな出

来事に変わります。そうです、ハッピーとアンハッピーは紙一重です。同じ出来事をどう捉えるか、どうせ紙一重ならプラスに考えてみませんか？

学びと気づき

　お店で働くスタッフが、「ああよかった」「ほっとしたな」「嬉しかったな」というハッピーな出来事や気持ちをすぐに思い出せないのに、お客さまを幸せにすることはなかなか難しいでしょう。

　でも、もしパッと思い浮かぶなら、小さなことに気がつく力を持っているということです。つまり、お客さまが「よかった」と思われる小さなハッピーを察して、何かして差し上げられるかもしれません。それでお客さまが「嬉しい！」と思ってくださったら、私たちもハッピーですね。

　出勤して来たスタッフに、「おはよう、今日のあなたのハッピーは何？」と問いかけるのも面白いですね。いきなりこんなことを尋ねられたら、相手は驚くかもしれませんが、ぜひ小さな「よかった」に気がつく力を養いましょう。それは、仕事だけでなく、きっと毎日の生活を豊かな心で過ごせることにつながるでしょう。

「目的・理由・制約」を正しく伝えると、スタッフは自ら動きます！

　他チェーンで買われたコーヒーを手にしたお客さまが、ローソンにやってきました。そのお客さまは、うっかりコーヒーを床に落としてこぼしてしまいます。

　それを見たスタッフは、すぐに駆け寄って床を拭き、慌てて謝るお客さまに、「大丈夫ですよ、お洋服は汚れていませんか？」と声をかけます。さらにそのスタッフは、「お口に合うかわかりませんが、よかったらどうぞ！」と、自店のコーヒーをお客さまにプレゼントしました。

　これにはお客さまもびっくりなさった様子で、何度も感謝の気持ちをおっしゃりながら、新しいコーヒーを手に笑顔でお店を後にされました。

　この事例でスタッフがとった行動を、みなさまはどう思われますか？

　私は「素晴らしい！」と思いますが、オーナーや店長によっては評価が分かれる行動かもしれません。お店のコーヒーを断りなく渡すという点から見れば、コーヒー１杯分を無料で差し上げるのと同じだからです。

　それでも、躊躇することなく行動に移せるスタッフが実際にいたのです。なぜ瞬時に動けるのでしょうか？

　それは、オーナーや店長、そこで働いているスタッフた

ちの間に信頼関係が育まれていて、約束事やルールが明確であるため、安心して行動することができるからです。

　常日頃からオーナーや店長が自店の常識として、「お客さまが喜ぶことをしてあげよう」とスタッフたちにしっかり伝えている必要があります。

「困っている人がいたら手伝おうね」とか、「お客さまが喜んでくださるなら、あなたのわかる範囲でやっていいよ」など、エンパワーメントと言うと大げさかもしれませんが、「自分の判断で行なってよいこと」がわかっているので、行動できるのです。

　行動の内容で善し悪しを示そうとすると、キリがありません。「これは書いてないが、やってもいいのか、いけないのか？」という妙な議論になってしまいます。

　そうではなく、「判断する基準はどんなことか？」「自店において、お客さまと接する際にもっとも重視することは何か？」といった、あるべき姿を示すことです。

　お店で働くスタッフたちが自ら動けるためには、目的・理由・制約の３つを明確にすることが必要です。

「何のために」という目的、「こういうことだから」という理由、「何をやってはいけないか」という制約。この３つをイメージできるように具体的に、わかりやすく伝えなければなりません。

　このコーヒーの事例では３つがきちんと浸透していたため、スタッフは当たり前のように行動に移せたのです。

オーナーや店長自身がイメージできることをわかりやすく伝えない限り、それ以上のことをスタッフたちは決してやれません。もちろん、よく気が利くスタッフなら自然にできるかもしれませんが、まずできないと認識しましょう。

　オーナーや店長が思っていることを具体的に表現して、頭に浮かんでくる情景をスタッフたちが理解できるように伝えてください。そして、「なぜやってほしいのか」「なぜやってはいけないのか」「最終的にこういう目的だからやるんだよ」と、短時間でもほんの少しでも、必ず理由を教えてあげてください。そうすればスタッフは自分で考え、判断し、行動できるようになっていきます。

「そのくらいはやってくれるだろう」と勝手に思っていても、オーナーや店長がちゃんと伝えない限り、スタッフたちが自ら行動に移すのはなかなか難しいものだと理解しておきましょう。

学びと気づき

　マニュアルの中に「心のこもった接客」を書きつくすのは難しいです。「ここまではやってもいいよ」「ここからはやったらいけないよ」ということを文章で表現すると、途端にできなくなってしまいます。

　なぜなら、ケースバイケースでその時々に細かい状況が違うため、すべてを網羅することは不可能だから

です。

　そもそもマニュアルには、該当の項目を実施する際に、「最低限できるようになってもらわないと困る」という基本が記載されているはずです。つまり、ある業務に携わるとき、「誰がやる場合でも必ずここまではやってください！」という内容が書かれています。

　起こりがちなミスを代表的なNGポイントとして、同時に載せることもありますが、仮定の列挙は限界があります。

　では、どうすればよいのかというと、自店で絶対にやってはいけないことを決めてしっかりルールにしておくことです。そのうえで、スタッフがマニュアルを超えてお客さまのために何かして差し上げたい、と思ったことについては、個々人の判断に委ねてみる。かなり高度な店舗運営方法ですが、実現なさっているお店がある以上、届かない夢ではないですね。

　ただし、コンプライアンスの問題もありますので、自店で決めた禁止事項は全員が認識しておかねばなりませんし、きちんと守らなくてはなりません。

　まだ土台がつくれていない経験の浅い人に判断を委ねると、とんでもないことが起こる可能性もあります。「ここまでできているよね？　間違いなくやれるよね？　任せて問題ないよね？」ということが約束されている中で、託せる仕事です。

> 任せても大丈夫だと思うのは、前向きで、基本ルールを理解していて、きちんと約束を守れる人。何よりオーナーや店長から見て、「この人ならやれる!」という信頼が持てる人です。それらがクリアできるなら、スタッフの判断を信じて任せてあげることが大事です。
>
> 任せるって怖いです、勇気がいります。すなわち、責任を取るということですから。でも、オーナーや店長とスタッフ、双方の成長につながることも期待できます。

「褒める・認める・感謝する」と、人は変わります!

　残念なローソンの店舗がありました。多くのお客さまが来店される立地にあるので、売上金額には苦労のないお店です。

　ですが、いつお店に行っても、クルーたちから元気な挨拶を聞いたことがありません。言うまでもなく、笑顔の対応もありません。

　ローソンの身だしなみのルールでは、「肩より長い髪の毛は後ろで束ねる」ことになっていますが、女性クルーが耳の横でまとめた長い髪の毛は前にバラリと垂れていました。私は買い物に行くたびにガッカリしていたのです。

ところが、最後に立ち寄ってから半年ぶりに再びそのお店を訪ねる機会があり、中に入ってみてビックリ！　同じお店とは思えないほどの変貌(へんぼう)を遂げていたのです。

　期待せずに入った店内では、まず耳を疑うほどの明るい声で「いらっしゃいませ！」とクルーたちから挨拶されました。棚の商品は「ぜひ私を手に取って！」と言っているかのように、見やすく美しく並んでいます。レジに立つクルーは、キラキラ輝く笑顔でお客さまに接しています。

　たくさんの店舗を見てきた私ですが、これほどまでに変化したお店は珍しいです。それぐらい、180度まるっきり別の店舗と思えるほどよい方向へ変わっていたのです。

　いったい何が起こったのでしょうか？

　私は店舗を担当するスーパーバイザー（SV）に尋ねました。すると彼が言うには、店舗主催のミーティングに参加し、接客について話し合ったそうです。

　そのときに、彼はクルー全員の顔と名前を覚え、毎週お店を巡回するたびにクルーたちの名前を呼んで声をかけたと言います。素晴らしいです！

　私が重視している言動の1つは、相手の「名前を呼ぶ」、それも「いちいち呼ぶ」ということです。名前を呼ぶ行為は、その人の存在を認め、その人が行なった事実を認めることを意味します。

　「あなたがそこにいること、わかっているよ」「あなたががんばっていること、知っているよ」と伝える。そうです、

相手の存在を認めるもっとも簡単で重要な方法は、その人の名前を呼ぶことなのです。

名前を呼んで相手の存在を認め、具体的な事柄をあげて感謝の気持ちを伝えます。ただ「ありがとう」と言うよりも、「〇〇さん、この棚の前陳すごくキレイになったね、ありがとう」のほうが、誰が行なった何に対して感謝しているのか、よくわかりますよね。

自分が依頼したり、指摘した内容を覚えておき、それが実行されたり改善できていたら、そこを本気で褒めるのです。目に見える事実をそのまま口に出せばよいのですから、難しくないはずです。

そのSVも、意識して店舗の小さな変化を見つけては、「前回直してほしいと頼んでいたこれ、やってくれたんだね。〇〇さん、ありがとう」「〇〇さん、挨拶の声、元気になったね。ありがとう」と、クルーの名前を出し、感謝の気持ちを伝え続けました。すると、クルーもお店の様子もどんどん変わっていったそうです。

自分の名前も覚えてもらえず、指摘するだけして、直してもそれに気づいているのかさえわからない。そんな人から指示が飛んでも、やる気は出ないし、ましてやモチベーションも上がりません。

上に立つ人は当然ですが、スタッフ間でも、「褒める・認める・感謝する」を店内の文化にしていきましょう。

> **学びと気づき**
>
> 　スタッフたちに「あなたのことをちゃんと見ている」という気持ちが伝わること。これが最高の共育だと私は思っています。「あなたのこと、気にしているよ」「あなたの努力、知っているよ」ということがわかれば、誰だって「がんばろう！」という気になります。
> 「褒める・認める・感謝する」ことで、スタッフとSVの間に信頼関係が結ばれていきます。これはSVにとってもよいことです。信頼関係があれば、しつこく説明しなくても、たった一言で率先してやってくれるようになります。
> 　もちろんこれは、オーナーや店長にも共通です。相手の名前を呼んで、感謝の言葉をどんどん伝えましょう。働きやすい環境は、みんなでつくることができるのです。

指摘する前に、まずは相手を褒めましょう

　吉田店長は、複数店舗を経営するオーナーから抜擢された24歳の女性店長です。
　彼女は1人のクルーのことで悩んでいました。そのクルー

はとても明るく元気な性格で、いつも店中に聞こえるぐらいの大きな声で「いらっしゃいませ！」と挨拶します。とても素晴らしいことです。

　ですが、店長はよい意味でとても欲ばりでした。そのお店はシニアのお客さまが多かったので、元気さだけではなく、優しさ・温かさ・しなやかさのある接客も取り入れてほしいと思っていたのです。

　それをどう伝えればよいか、私は店長から相談を受けました。早速店舗へ出向き、店内の様子を30分ほど拝見しました。たしかに、シニアのお客さまが便利に使ってくださるお店だということがよくわかりました。そこで、そのクルーと店長の3人で面談をすることにしました。

　まず私は、その伊達さんというクルーを褒めることから始めて、クルー本人に考えてもらうように話しかけました。
「すごくがんばってくださっていますね。伊達さんが元気だから、お店に活気があって、明るい雰囲気がいいですね」
「ありがとうございます！」
「ここのお店って、どんなお客さまが多いのかしら？　常連さんのお顔とか覚えていますか？」
「はい、もちろんです。周りは住宅地なので、主婦の人とか、お年寄りのお客さまも多いです」
「なるほど。じゃあ、伊達さんのステキな挨拶について、一緒に振り返ってみましょうか。もし、店内にシニアのお客さまが1人だけなら、大きな声を出すより大事なことっ

て何だと思いますか？」
「あっ、そうか！　その人だけにちゃんと挨拶していることが届けばいいですよね」
「そうそう。逆に、お店が混み合っていたら絶対に大きな声がみんなに聞こえるほうがいいですね」
「そうだ、1人だけならそのお客さまのところに近づいて、そのお客さまだけに言ってあげると親切かも？」
「伊達さん、素晴らしい。余裕があるならそのお客さまのところへ行って、『いらっしゃいませ、今日も来てくださってありがとうございます』って、その人だけに聞こえればいいですね。そうしたら、きっとお客さまは喜ぶと思いませんか？　あんまり大きな声で挨拶したら、お年寄りのお客さまは逆にビックリしてしまうかもしれませんよ」

　面談を通してどうすればよいのか気づいた伊達さんは、それ以降、お客さまの状況に合わせてときに優しく、ときに元気よく挨拶するようになりました。店長も、お客さまに寄り添うクルーの姿を喜んで見ていました。

　挨拶を変えるようにしてからほどなく、その店舗にお客さまからお手紙が届きました。「とても感じのいい店員さんがいます。その店員さんのおかげでお店に行くのが楽しみです。ぜひ褒めてあげてください」と書かれていました。そうです、伊達さんに対するお褒めの手紙だったのです。

　ローソンにはカスタマーセンターがあり、日々お客さまからお褒めやお叱りの声を頂戴いたします。ですが、お店

に直接お送りいただくお手紙となると、頻繁ではありません。現状をさらによくしたいと願う一心で見直した挨拶によって、お客さまから嬉しいご褒美をいただきました。

　吉田店長も伊達さんも、お手紙を何度も何度も読み返しているそうです。

学びと気づき

　スタッフに何かを直してほしいとき、改めてほしいことがあるとき、評価をフィードバックしたいとき、私は「褒めてから指摘する」ように心がけています。

　フィードバックとは、行動した本人に行動の結果を直接かつ具体的に教えてあげることです。まずは相手のよいところ、評価したいところを褒めます。次に、「こういうところをこうしたら、もっとよくなるよ」と伝えるのです。この事例もまさにその方法で面談をしています。

　褒められて嫌な気分になる人はいないですよね。褒められると、嬉しくなったり、気持ちが高まったりするはずです。そのうえで、「ここをこうすると、さらにステキだよね」と伝えれば、相手は聴く耳を持ってくれるでしょうし、「そうしてみようかな」「やってみようかな」と思ってくれるでしょう。

　自分の行動を具体的にきちんと褒められると心を開

くので、その先の指摘も受け入れやすくなるのです。

　ですが、どうしても「こうしたい」「ここを直したい」と強い想いが走ってしまうため、ついつい褒めることを忘れ、指摘してしまうオーナーや店長が多いように感じます。グッとこらえて、まずは相手のよいところを見つけ、口に出しましょう。

「こういうことをがんばっているよね、知ってるよ。さらにこれに気をつけたら、もっとよくなるよね」

　こんな伝え方がいつでもできるように、「褒める・指摘する」の順番を実践してほしいと思います。

　もちろん、対する相手と長いつきあいで、信頼が深く、この順番が不要なケースもあるでしょう。ずばりストレートに指摘することがお互いに良好関係を保つのであれば、あえてやり方を変更する必要はありません。

人それぞれのやる気スイッチ

　お店で働くスタッフにもいろいろな性格の人がいますので、スタッフによって、やる気が出るスイッチが異なります。

　たとえば、すごく褒めてあげることによってスイッチが入る人もいれば、褒められるよりも叱られることで「絶対

にもう叱られないぞ！」とファイトが湧く人もいます。だからこそ、それぞれの人をよく見ないと、スイッチがどこにあるのかわかりません。

相手を知りたいと思って見るからこそ、その人が何に興味を持っていて、何に対して好奇心が動くのかわかるようになります。

人がやる気を出す方程式をご存知ですか？　世のコンサルタントの先生の提唱とは違いますが、私はこのようにお伝えしています。

「やる気＝好奇心＋目的がきちんとわかっている目標＋報酬」

ここで言う好奇心とは、得意なことや本人のキャラクターと置き換えてもよいかもしれません。その人が好きなもの、興味があるもの、得意なもの、その人自身の個性に合わせて、仕事の分担も決めていくほうがうまくいきます。

コンビニの業務において、最低限確実にやらなければいけない仕事が当然あります。さわやかな挨拶はもちろんですが、レジをはじめお会計に関連する仕事を素早く進めて、お客さまをお待たせしないこともそうです。

しかし、もしスタッフの中に絵を描くのが好きな人がいるのであれば、プラスアルファの業務として、ポップづくりや店頭に置くイーゼルに旬の案内を更新して描いてもらうことをお願いしたいですね。

最初のうちは、得意で上手なスタッフにやってもらい、

それから「こんなふうに描くといいよ」などとほかのスタッフに伝えていけば、真似してできるようになる人が出てくるかもしれません。

このように、みんなで補い合いながら少しずつできることが増えていったら、仕事はもっと楽しくなります。

何か特別に難しい話ではなく、人は誰しも好きなこと、嫌いなこと、得意なこと、苦手なことがあり、周りを見渡すといろいろなタイプの人がいます。オーナーや店長がスタッフの性格や得手不得手を把握することは、仕事をスムーズに進めるうえでとても大切です。

お客さまのご支持が高い店舗は、オーナーや店長の魅力だけでなく、間違いなくスタッフが活躍しています。オーナーや店長がスタッフたちの個性を見極め、仕事を任せていることが多いのです。

まずはきちんと人を見て興味がありそうなことを知り、「○○さんにはぜひこれをやってみてほしいんだけど、どうかな？」と声をかけ、その人のやる気スイッチを押してあげましょう。

オーナーや店長は、アルバイトの採用面接の段階から応募者のそういった面も探ってください。

今は人手不足の時代で本当に大変ですが、「こういうことに興味があるようだから、こんな仕事もしてもらおう」と考えながら面接できるとよいですね。働ける時間帯がいつなのか、その人の持っているよさが、同じシフトで働く仲

間にどんな風を吹かせてくれるか、想像してください。

やる気を出す方程式について「好奇心・目的と目標・報酬」と書きましたが、併せて、一緒に仕事をしている人や取引先の人など、かかわる人から「感謝される」ことも、やる気が出る要素の1つです（図11）。

図11●やる気が出る3条件

先ほどの方程式はどちらかと言うと物理的な面から表現したもので、別の角度、すなわち心理的な面から考える「やる気が出る3条件」は、「感謝されること、周りの人から認められること、自分自身の成長を感じられること」だと一般的に言われます。

また「報酬」について、私がいつもお話するのは、報酬はお金だけではない、ということです。

誰だって時給が上がれば嬉しいです。ですが、がんばっ

ているスタッフ全員に、毎回10円、20円と時給を上げていたらオーナーや店長は破産してしまいます。時給は高いに越したことはありませんが、人がもらって嬉しいと思うのは、お金だけではないですね。

　もうおわかりでしょう。「褒める・認める・感謝する」です。口に出して本気で「ありがとう」と伝えれば、その人の心に報酬を届けることができます。お金を渡し続けることはできませんが、「褒める・認める・感謝する」という目に見えない「心の報酬」はいくらでも届けられるのです。

学びと気づき

　褒められて嬉しくなり伸びる人、厳しく叱られて奮起する人、人のやる気スイッチの在り処は本当にいろいろです。オーナーや店長は、各スタッフをよく見て、適材適所適時の人財成長にチャレンジしましょう。

　簡単なことではありませんが、その心がけがあればみんなのやる気は少しずつ上がり、お店全体がよい方向へ変わっていくと思います。「お店は人なり！」です。

　そして、アルバイトという身分であっても、自分の特技やキャラクターを活かして仕事をするチャンスを得られたスタッフは、どんどん活躍の場を広げてくれるはずです。

〝お客さまの目〟を意識することが、人財不足を助けます

　コンビニの店舗で働いているスタッフは、お店にとっての人財です。同時に、一方でスタッフは〝お客さまの目〟も持っています。それは、何らかの理由で働かなくなったときに、「そのコンビニをまた使いたいと思ってくれるかどうか」という〝お客さまの目〟です。

　アルバイトやパートとしてお店で働いてくれるスタッフには、さまざまな理由からいつかそのお店を去る日がきます。そういう人は、今日まではスタッフですが、明日からはスタッフではなくなる、すなわちそのままお客さまになるというわけです。この事実を頭に入れておかなければなりません。

　逆もまた真なり！　自店をご利用のお客さまが、「このお店、いつも雰囲気いいよね」「いつ来ても感じのいいお店だな」と思ってくださっていたとしたら、そこから進んで「このお店だったら週２日だけでも働こうかな？」「このお店なら１日３時間だけ働いてみたいな」と思っていただけるか。この点をお店で働くすべての人たちは考える必要があると思うのです。

　これは言い換えれば、お客さまとして来店なさったときから、そのお店の雰囲気や様子は見られていて、働いてい

る人たちは常にお客さまから面接されている、ということです。

　お店を辞めても手伝いに来てくれたり、頻繁にお店に通ってくれたりする人がたくさんいる。それは働いていた人たちが、「またこのお店に来たい」と思える何かを感じているからです。そんなお店は、人手不足とは無縁です。

　ここで、あるお店の事例を紹介しましょう。そのお店のオーナー夫婦は、クルーたちを家族と思って接しているため、お店全体が1つの家庭のような温かさに包まれています。私がお店に足を運んだときも、クルーたちの元気な挨拶が気持ちよく響き、たくさんの笑顔であふれていました。

　オーナー夫婦はクルーの親御さんたちとも親しくし、信頼されているため、親御さんたちは「自分の子どもをお店に預けている」と思ってくださっているそうです。

　日頃から楽しそうに働いているクルーの姿を目にしている近所の主婦のお客さまが、ご自身のパート先の選択肢に入れてくださることも多く、「ここなら一緒にがんばれそう！」と仲間になってくれた実例がいくつもあります。

　また、社会人になるためアルバイトを卒業していく学生は、自分の後釜として、確実に働き者の後輩を連れてきてくれます。社会人になって地元を離れたOBやOGの元クルーたちも、帰省すると必ず「帰ってきました！」と立ち寄るそうです。

　24時間365日営業の店舗では、2時間程度の研修やミー

ティングですら、その時点で働いている全メンバーを揃えて行なうことはできません。でもこのお店では、OBやOGの元クルーたちが「2時間くらい大丈夫ですよ」と、お店を手伝いに来てくれるそうです。

いかがですか？　こういうお店が本当にあるのです。

このオーナー夫婦は、クルーの成長に重点を置き、ちょっとしたことでも必ず「ありがとう」という感謝の気持ちを伝え続けています。そうした心配りがクルーたちに伝わり、信頼関係が生まれ、お店全体のよい雰囲気につながっているのだと思います。

学びと気づき

〝お客さまの目〟から考えると、オーナーや店長がスタッフをどう共育しているか、そこが問われているのではないでしょうか。オーナー夫婦は以前、人財育成についてこんなことをおっしゃっていました。

「言うまでもなく、お客さまはとても大切です。だからこそ、まずクルーを第一に大切にしています。クルーは家族そのものなので、本気で褒めたり叱ったりしますし、雇った以上は誠意を持って接し、きちんと共育することで、結果的にお客さまが気持ちよくお買い物できるように責任を果たしたいと考えます」

この言葉から、オーナー夫婦がどれだけクルーたち

を大切にし、心を通わせているかわかりますね。
「このクルーと共に育つ」という強い意識を持ってお店を運営し、行き届いた指導を行ない、人財育成に手をかけることでアルバイトが定着して、人手不足に悩むことのないお店へと変わることができるのです。
　"お客さまの目"にかなうお店になれるかどうか、オーナーや店長の勝負どころとも言えるでしょう。

> ローソンで本当にあった話

給料袋を手渡す
オーナーの物語

　近年では目に触れることが少なくなった給料袋。世の中がすっかり便利になり、いまや懐かしいアナログな現金手渡しの方法は、ほとんど給与口座振込に替わってしまいました。

　安全で確実で効率がよいのは、言わずもがな銀行振込でしょう。オーナーや店長の負担および、現金保管の危険を避けるためにも、本部は振込を推奨しています。

　それでも、給料袋に一人ひとりフルネームで名前を手書きし、1円の位までしっかり数えて間違えないように細心の注意を払い、現金を入れて渡すことにこだわっているオーナーがいます。小柄な体に元気いっぱいのハスキーボイスがとても印象的な女性、和江オーナーです。

　現在13店舗を経営しているので、彼女のもとで働いてくれているクルーは150名を超えています。しかし、素晴らしいことに、和江オーナーは従業員全員の顔と名前をはっきり覚えています。そして全員のフルネームを漢字で書けるのです。なかなかできることではありませんよね。

　彼女は毎月、貴重な5時間を割いて、各店長とともに該当店舗のクルーのお給料を袋詰めします。名前を書けば、そ

のクルーの顔が浮かび、現金を数えれば、そのクルーの生活ぶりを気にかけます。

「陽子ちゃん、今月はたくさん働いてくれたんだね」

「山口さんのお給料、今月はかなり少ないけど休んだ？　体調でも悪かったのかな？」

　お金を数えながら店長たちに話しかける和江オーナー。どのクルーのことも本当に大切にしていることが、その表情や会話からも伝わってきます。

　このように給料袋を準備しながら、家族同然と思っている宝物のクルーたち一人ひとりに対して、最低でも毎月1回は本気で想いを馳せているのです。

「縁あってうちの店に働きに来てくれたクルーたちには、幸せに暮らしてほしい。本当にそう願っているんだ！　でもね、この仕事、お金を2回数えて、間違えないようにするのがけっこう大変なのよね」

　つい愚痴をこぼす和江オーナーでしたが、嬉しそうに話す満面の笑顔が、苦労をものともしていないことを物語っていました。

　給料袋には、1カ月間のクルーの労働の対価に加えて、オーナーがクルーたちを丁寧に思いやる愛情がいっぱい詰まっているのです。そう思って給料袋を手にすると、実額よりずっと重たく温かく感じました。

第5章 コンビニで働くあなたの悩みを解決！

――Q&A集

Q1. 店長が忙しそうで、わからないことを質問しにくいです

A お客さまにご迷惑がかかることなら、最優先で対応してもらいましょう

　毎日営業しているコンビニの店長は、とにかく仕事がたくさんあります。商品の発注業務をはじめ、売上管理や衛生管理、スタッフのシフトに労務管理など各種マネジメント、もちろんレジでお客さまの対応もすれば、スタッフの面談も行ないます。いわゆる「人・物・金・情報」のすべてに携わります。

　これだけ忙しい姿を見てしまうと、ちょっとした疑問を持ったり、わからないことがあったときに、気軽に尋ねてよいのか、スタッフが戸惑ってしまうのもわかります。

　そこで、まずスタッフに考えてほしいのが、「本当に今質問しなければいけないことなのか、後でもよいことなのか」ということです。

　もし、お客さまとのやり取りでお答えしなければいけないことだったら、すぐに聞かなければいけませんよね。お客さまを不用意にお待たせすることになってしまったら、こ

れはもっとも避けなければいけないことです。タイミングを考えることは大切です。

　そして、店長にいざ質問するときに使ってほしい魔法の言葉があります。それは、
「わからないことがあるんですが、今少しお時間いいですか？」
　店長にも、至急の仕事をしているタイミングがあります。手が離せないときかもしれません。いきなり聞かれて「今、それ!?」と思われたら、次回が聞きにくいですし、「間が悪い人」だという印象を持たれると、お互いの信頼感にも影響しますし、仕事の効率も落ちますね。まずは、「今、少しいいですか？」とワンクッション置きましょう。

　また、〝少し〟と言っても、この〝少し〟の感覚が人によって違いますので、1分とか3分といった時間を付け加えるのもよいでしょう。

　そして、質問するときにも、時系列にズラズラ説明するのではなく、まずわからないことをズバッと伝えます。
「どの棚から前陳に取りかかればいいかわからないんです」
「明後日にプレミアムロールケーキを10個ほしいと言われて、予約のやり方がわからないんです」と、ストレートに伝えてから、「詳しく説明してもいいですか？」と了解を得て、時系列に話していきましょう。

　ここで、質問を受ける側の店長にもお伝えしておきたいことがあります。

お店で何より大事なことは、お客さまにご迷惑をおかけしないことですよね。スタッフがわからなくて戸惑っている、スタッフが確認したいのに質問できないということが、すなわちお客さまにご迷惑をおかけすることなのであれば、最優先で手を止めて答えないといけないはずです。

　店長のマネジメントの核は、「お客さまが喜んでくださること」と「スタッフが育つこと」であり、それを常に意識しなければならない店長は、本当に大変です。

　だからこそ、店長であるあなたが"今"やらなければいけないことや、スタッフに質問されたときにどう対応するのか、タイミングの見極めが求められます。

Q2. スタッフと話をする時間がなくて困っています

A たった3秒でできるコミュニケーションがあります

　Q1の質問と関連しますが、店長から「忙しくてスタッフと話をする暇がないんです」という相談をよく受けます。このときに私が必ずお尋ねすることがあります。

「店長さん、お気持ちすごくお察しします、本当にわかります。でも、1つだけ伺ってもいいですか？ 3秒の時間なら、取れませんか？」

すると、みなさん同じように答えてくださるのです。
「3秒ぐらい取れますよ」

当然だと思います。いくら忙しくても、たった3秒のゆとりもないという人はいないでしょう。そこでこうお伝えします。
「ですよね？ だったら3秒で一言、『おはよう、今日もよろしくね！』って言えますよね？」

この一言に、みなさん「目からウロコが落ちた」ととても驚かれます。「おはよう」と挨拶するのは3秒あればできますよね。それと同じで、スタッフがお店に出勤してきたら、仕事の手を止めて、顔を上げて、「おはよう！ 今日も頼むね」と笑顔で3秒、パワーを送ればよいのです。

わざわざ時間を取ってゆっくり話さなければいけないと思っている店長が多いようですが、個別面談だけがコミュニケーションではありません。お互いがしっかり顔を合わせて挨拶するだけでも、立派なコミュニケーションです。

スタッフが「おはようございます」とバックルームに入っていったときに、ストアコンピュータから目を離さずに、あるいは書類から顔を上げずに、ただ「おはよう」と言われるのと、一旦仕事の手を止め、パッとこちらを見て笑顔で「おはよう」と言われるのとでは、どちらが「よし、今日も

がんばろう」と思えるでしょうか。当然後者ですよね。

　もちろん、店長がこちらを見なかったからといって悪気なんてありません。しかしながら、前者が続くと、「今日も店長忙しそう、じゃあ私もそれなりにやっておこう」とスタッフに思われても仕方ないかもしれません。

　店長にも店長の事情があります。もし、発注の締め切りに遅れるとお店に商品が入って来なくなるので、ストアコンピュータの画面とにらめっこの時間帯の店長が、顔を上げる１秒さえもったいないと感じる気持ちは痛いほどわかります。

　ですが、挨拶したスタッフに対するインパクトがまったく違うのです。

　たった３秒でもコミュニケーションは可能です。「お客さまに笑顔で挨拶しよう！」と導いている店長ですから、自ら３秒、どんなときも「さすが、店長！」と尊敬されてほしいと思います。

　ちなみに、縁あって採用したスタッフは、働き始めた１カ月がそのお店に定着してくれるか否か、勝負のときだと言われます。

　そこで、「どう？　大丈夫？　わからないことはない？」などと特に最初の１カ月は頻繁に声をかけ、「あなたの様子を気にしているよ！」という態度を見せるのは、すごく重要です。これもまた、３秒あればできますね。

Q3. 常連のお客さまをなかなか覚えられません

A お客さまを知るために、顔を上げて働きましょう

　お客さまは、大きく2つのタイプに分けることができます。1つは、かまってもらいたいお客さま。もう1つは、放っておいてもらいたいお客さま。

　ザックリ分類すると、自分からスタッフにどんどん話しかけたり、気にかけてもらうと嬉しそうなお客さまと、逆に必要以上の声を発しない、かまわれると迷惑そうなお客さまがいらっしゃるのです。これは常連のお客さまであっても同じです。ですから、まずはそこを見極めることから始めます。

　まずはお客さまには2つのタイプがあることを理解したうえで、どちらのお客さまなのかを知るために、できるだけ顔を上げて働くように意識しましょう。

　顔を上げて働くと、お客さまの様子がしっかり見えてくるようになります。ただし、お客さまをじろじろと見ないように気をつけてくださいね。

お客さまがひっきりなしに来店されると、お客さまを一人ひとりちゃんと見るような心の余裕はないかもしれません。でも、レジ対応も手元ばかりを見ていては、常連のお客さまを覚えるのは難しいでしょう。

　お店の混雑がずっと続くわけではないですよね。ピークのときでも、「いらっしゃいませ」のひと声だけは、顔を上げてください。お店の様子、お客さまの様子を少しでも見ながら働いてほしいのです。

　「あのお客さまはよく来られるな」とわかったら、お客さまの特徴を覚えていきます。いつも必ずブレンドコーヒーを注文される体格のよいサラリーマン、ひげがトレードマークのご老人、小さな女の子を連れているお母さん、制服姿の２人組の学生さん等々……。覚えやすい特徴のあるお客さまからでかまいませんので、記憶していきましょう。

　１点、心に留めておいていただきたいことがあります。それは、先述の２つのタイプと同様に、お客さまの中には、スタッフに顔を覚えられたいお客さまと、覚えられたくないお客さまがいらっしゃる、ということです。

　かまわれたいお客さまは、自分のことを覚えてほしいでしょう。でも、放っておいてほしいお客さまの中には、「顔さえ覚えられたくない」という方が稀にいらっしゃるのです。

　何のために常連のお客さまを覚えるかというと、もちろん、気分よくお買い物をしていただくお手伝いがしたいか

らです。前者の場合、会話を楽しんでくださるし、そのお客さまに適した投げかけをすれば、「私のこと、わかってる」と、さらに喜んでいただけるでしょう。

しかし、後者の場合、余計な言葉は無用です。淡々とテンポよく会計を済ませることが重要です。それ以上でも以下でもなく、「お客さまを覚えているけれど、気づかれないようにそうしている！」ということです。

大変だと思いますが、相手の気持ちを理解する人間修業が、お店で毎日できると考え、「常連のお客さまを覚えること」にチャレンジしてみませんか？　どんなお客さまにも心を配ることを忘れないでほしいです。

Q4. 笑顔の挨拶を徹底しても、全員が同じレベルでできるようになりません

A 想いややり方をきちんと伝えられていない可能性があります

店長にまず伺いたいのは、「笑顔の挨拶がとても大事な行動であることを、本当にスタッフ全員に本気で伝えていま

すか?」ということです。

　全員ができないというのは、「うちのお店は、全員が笑顔で挨拶することを何よりも大事な基本姿勢にしたいんだ。だから、みんなで徹底してやっていこう」という想いが、スタッフたちに届いていない可能性があります。

　伝わっているかどうか確認するためには、「うちのお店でもっとも大事なこと、1番やっていきたいことは何?」と全員に尋ねてみることです。

「笑顔で挨拶することです」と全員が答えられるでしょうか?　もし、全員が答えてくれるのであれば、次はやり方や教え方に課題があることになります。

　単純に「笑顔で挨拶してね!」と口で言っているだけでは、全員が同じレベルの挨拶ができるようにはなりません。どんな挨拶なのか、それぞれが考える「笑顔の挨拶」が違うからです。実は、私たちは、そうやって言葉で言っているだけで、理想の「笑顔の挨拶」が伝わっていると思い込んでしまいがちです。

「このくらいの笑顔で挨拶するんだよ」と、実際にお手本となる「笑顔の挨拶」をやって見せることが大切です。

　スタッフたちと一緒に、「笑顔ができるように、クッキートレーニングをやろうか?」「ほら、今の笑顔、それだよ!」と体感することで、「笑顔の挨拶」を身につけてもらいましょう。挨拶や笑顔のトレーニングの方法は、第1章でお伝えしていますので、参考になさってください。

もし、「うちのお店でもっとも大事なことは何?」と尋ねても、「笑顔の挨拶」という答えが返って来なかったとしたら、それはそもそも「笑顔の挨拶を徹底したい」という基本的な想いが伝わっていないのです。スタッフ全員がしっかり意識するまで、繰り返し伝えていきながら、トレーニングを重ねましょう。

Q5. 後ろに人が並んでいるのに話を止めないお客さま、どう対応すればよいですか

A 申し訳なさそうに、でも笑顔で事実をお伝えしましょう

「いやー、今日は暑いね、汗が止まらないよ!」
「いらっしゃいませ、本当に一気に暑くなりましたね」
「今日はコーヒーもアイスにするよ」
「かしこまりました!　いつもありがとうございます」
　レジで気軽に話しかけてくださる常連のお客さまに対して、スタッフも楽しそうに笑顔で応じています。お釣りもお渡ししたのに、まだ会話に花を咲かせていると、後ろに

お客さまが並ばれました。

　こんなとき、せっかくお話されているお客さまになんて声をかければよいのでしょうか？

　多くのみなさんが悩むシチュエーションではないかと思います。常連のお客さまを無下にはできませんが、後ろに並ばれているお客さまをお待たせするわけにもいきません。

　このようなケース、すべてはみなさんの表情と優しい言葉で解決できます。申し訳なさそうに後方を示しながら、

「ごめんなさい、お客さまがお待ちなのです」

と、ほかのお客さまが並んでいる事実をお伝えしましょう。常連のお客さまも話に夢中であったとしても、後ろをちょっと振り返っていただければわかりますよね。

　その状態に気がつけば、「あっ、ごめん、ごめん、また来るよ」とご理解いただけます。最後は「またよろしくお願いいたします」と笑顔でお客さまを送り出しましょう。

　話の途中でお帰りいただくので、その点は申し訳ない気持ちをしっかり表情でお伝えします。そして「またいらしてください」という気持ちを笑顔で表現すれば、その心は伝わります。お客さまや話の内容によっては、「ちょっとお待ちいただけますか？」とお尋ねしてもよいと思います。

　また、自分のすべき仕事があるのに、お客さまと会話が続いて仕事に戻れないときには、正直にお伝えしましょう。たとえば、

「ごめんなさい、お話いつも楽しいんですけど、私、から

あげクンつくらないと！」

やはり申し訳なさそうに、でも最後は笑顔で、「ごめんなさい、これをしないといけないんです、またお願いします」とお伝えします。

こういったとき、どう対応すればよいか悩むかもしれませんが、正直に、自分には今しなくてはならない仕事があるという事実を言いましょう。

変に嘘をついたり、目をそらす必要はありません。お詫びの表情を添えて、事実をお話しましょう。いつも誠実であることと、歓迎の笑顔を忘れずに。

Q6. 求められているようなスタッフの振る舞いがうまくできません

A 売場はステージで自分は役者だと思って演じてください

店長の中には、忙しさのあまり、接客がどこか適当に見えてしまったり、おざなりに感じられてしまったりする人がいるのではないでしょうか。新人スタッフがぎこちないのとは違うため、大変まずいです。

また、スタッフも、恥ずかしさから笑顔で挨拶できない、「もっと笑顔で」と言われても求められているような振る舞いがうまくできないと、悩んでいたり、萎縮していたり、「この仕事は向いていないかも……」と落ち込んでいたり、全国の店舗を回っているといろいろな姿を目にします。
　ここまでお伝えしてきたことをすべて体現し、いつも笑顔で明るく、誰が見ても気持ちのよい接客ができるスタッフは、コンビニだけに留まらず、すべての接客業において理想像だと思います。もし、理想の振る舞いができないと思っているのであれば、それはあなたがまだ役者になりきれていないからです。
　お店の売場は、ステージです。そして、そこで働くみなさんは、それぞれが男優さん、女優さんです。そう思い込んでみてください。役者になりきって、「自分はコンビニの店員役を演じている」と思って接客してほしいのです。自分が役者だと思ったら、多少気恥ずかしいことでもできませんか？
　普段の自分の暮らし、日頃の生活の自分を、そのままお店の売場に持って来てはいけないのです。たとえば、普段は穏やかで、物静かに過ごしていたとしても、おとなしい自分のままお店に立つべきではありません。スタッフとしてふさわしい振る舞いを演じてください。
　「明るい声で笑顔の挨拶なんて、そんなキャラじゃないし、できないよ」と思う方もいらっしゃるかもしれませんが、そ

の考えは改めていただきたいです。コンビニのみならず店舗のスタッフとして求められるのは、物静かとか、おとなしいとか、クールな印象よりも、やはり明るい声で笑顔の挨拶ができ、気持ちのよい接客を行なえることです。

「普段の素(す)の自分とは違う」と思っても、求められるスタッフ像を演じていただきたいです。24時間、そういう人になれ、と言っているわけではなく、お店というステージに立つときだけでよいのです。自分は役者だと思い込んで演じ切りましょう。

店長も、スタッフたちの見本となるように演じてほしいと思います。最初は違和感があるかもしれませんが、意外に演技が板につき、楽しくなってしまうかもしれませんよ。

Q7. スタッフを注意するとき、どういうふうにするとよいですか

A タイミング・場所・性格・わかりやすさを意識しましょう

第4章でもお話していますが、スタッフの何かを注意したいときは、まず相手のよいところを見つけて褒める、次

に正したいところを指摘する、この順序で伝えてほしいです。

さらに具体的に解説しますと、もしスタッフ全員に改善してほしいことがあったとき、店長とあるスタッフの関係性がとてもよい場合には、わざとそのスタッフにみんなの前で叱られ役をやってもらう方法もあります。もちろん、ミーティング等で全員に伝えるのが王道でしょう。

特定のスタッフを注意したい場合は、タイミング・場所・性格・わかりやすさ、この4点を意識してほしいと思います。

タイミングとしては、できるだけ〝そのとき〟に注意するのがよいです。気づいた時点ですぐに伝えましょう。

後から注意されても、何のことを言われているのか、本人にはわからないかもしれません。時間が許すのであれば気づいた〝そのとき〟に、遅くともその日の内に話しましょう。

個人を注意するときは、場所を変えましょう。人前、特にお客さまの前ではしないことが前提ですが、あえてお客さまの前でという状況を選ぶこともあるかと思いますので、都度どこで行なうのが最適か考えてください。

そして、スタッフ一人ひとりの性格に合ったやり方を考えましょう。注意されたら落ち込むタイプなのか、逆に注意されると燃えるタイプなのか。それぞれ口調や言い方を変える必要があります。

「毎日がんばっているよね。前陳もありがとう。棚の商品をキレイに整えているときも、レジにお客さまが並んでいないか、常に気にしてね」

「いつも前陳ありがとう。でも、レジのお客さまに気づくのが遅いよ。見えないときは仕方ないけど、お待たせしたなら小走りで急ぐこと。君ならできるはずだよね」

いかがですか？　同じことを注意していますが、相手の性格やキャリアによって、言葉やトーンを変えます。

わかりやすさとは、何を伝えたいのか、ポイントを絞って話すということです。

怒ったり興奮したりすると、徐々に話が広がってしまうことがあります。ポイントを絞り、「ここをこうしてほしい」と、わかりやすい言葉を使い、もっとも伝えたいことを端的に言いましょう。

もし、まだ教えていないことならば、必ずそこで教えてあげます。教えてはいるけれど、スタッフの理解が足りないと判断したなら、もう1度きちんと説明しましょう。

なかなかできるようにならないのは、教え方がよくないからかもしれません。違う言葉で伝え直す、口で言うだけでなく実際にやって見せる、横についてフォローしてあげるなど、指摘する側も工夫しましょう。

Q8. お客さまから注意を受けることが多く、改善したいです

A 「お客さまは見ている」という意識を忘れてはいけません

　いろいろな場面が想定される接客ですが、何はさておき、「お客さまは見ています」ということです。

　よいことも、悪いことも、あなたのその行為を、目の前のお客さまだけではなく、周りにいるお客さまも見ているのです。

　今まさに接しているお客さまはダイレクトに、そして、周りのお客さまはその様子を見て疑似体験されています。疑似体験というのは、自分のことではないけれど、自分がされたかのように感じているお客さまがいらっしゃるということです。

　たとえば、商品の扱い方が雑だ、という残念なケースがあります。棚に並べるときやレジでは丁寧に扱っていることでしょう。しかし、廃棄する商品についてはどうでしょうか？

　コンビニのお弁当やお惣菜は、賞味期限によって厳密に

管理されています。期限が切れてしまった商品をお客さまに販売するわけにはいきません。ルールに従い、時間が来たらすみやかに棚から取り除き、廃棄処分へ回します。

廃棄になる商品を棚から下げるときに、乱暴に扱っているスタッフを時折見かけます。おにぎりやサンドイッチなどを、足元に置いたカゴに投げ入れたり、お弁当をぐしゃぐしゃに重ねたり……。もう販売する商品ではないですし、捨てるものですから、どう扱ってもよいかもしれません。

でも、それを見ているお客さまがいらっしゃいます。その姿を遠くから見て、嫌な気持ちになるお客さまがいらっしゃるのです。実際、感性の高いお客さまから、「いくら捨てるとはいえ、そういう扱いはいかがなものか?」というお叱りのお声をいただいています。

「そんなところまで気を遣わないといけないの?」と思うかもしれません。が、たしかに決して美しいとは言えない行為ですね。

さすがに、お客さまが購入なさる〝商品〟を同様に扱うスタッフはいません。でも、10分前なら、カゴに投げ込まれたおにぎりは買われていたかもしれない〝商品〟なのです。もちろん廃棄する商品ですから、ことさら丁寧にと言っているわけではなく、普通に扱いましょう。

自分がされて嫌なこと、自分が見て気分の悪いことは、やらないようにしましょう。「これを自分がされたらどう思うかな?」「自分がこの光景を見たらどう感じるかな?」と

常に問いかけてみることです。

　スタッフは、お客さまと直接やり取りするレジのときだけ丁寧に振る舞えばよい、というわけではありません。掃除をしているとき、棚の整理をしているとき、品出しをしているとき、そして、商品を下げているときも、物を丁寧に扱い、雑な振る舞いをしないように気を配りましょう。ご来店の瞬間から、お客さまはスタッフを見ています。
「見られている」ということを意識していれば、「きちんとしなければ」「丁寧な接客をしよう」など普段からお店で働くときの心構えが変わってきます。意識が変われば行動が変わります。接客もよい方向へ改善されていくはずです。

Q9. お客さまと信頼関係を築いていくためのポイントはありますか

A お客さまのタイプを見極めることから始めます

　まずお客さまを知ること、お客さまをより理解する努力が必要です。先ほど、お客さまの2つのタイプ、かまわれたいお客さまと放っておいてほしいお客さまについて説明

しました。まずは、目の前のお客さまがどちらのタイプか、その見極めから始めることです。

　もし、かまわれたいタイプのお客さまだと感じたら、勇気を出して話しかけてみましょう。
「いつもありがとうございます、こんにちは」と声かけしたときに、そのお客さまが笑顔で、「こんにちは」と返してくださったら、「話しかけてもいいのかな」と思いますよね。そういったお客さまには、こちらも笑顔で応じ、折を見て当たり障りのないことから話してみましょう。

　信頼関係はコミュニケーションをもとに成り立ちます。ですから、かまわれたいお客さまのほうが、信頼関係は築きやすいと思います。いろいろ話しかけてくださるお客さまほど、仲よくなりやすいですよね。

　もし、同様に「いつもありがとうございます、こんにちは」と近づいたのに、目線を外されたり、通路を回避するような行為が見られたとしたら、それはおそらく、かまってほしくないというサインですよね。「話しかけないで！」という空気を感じ取りましょう。

　ただ、こうしたお客さまとも、信頼関係をつくることはできると私は思っています。それは、話しかけないことで成立する関係です。お互いに理解したうえでそうなっていれば、問題ありません。

　そのお客さまは、放っておいてくれるから、そのお店を使ってくださっている可能性があります。同じ行動範囲の

中にA店とB店があったとき、A店は「暗黙の了解」的に放っておいてくれますが、B店はやたら馴れ馴れしく話しかけてくる店員がいるとなると、もうB店には行かなくなるかもしれません。

このように、傍(はた)から見ると無愛想に映る接客も、放っておいてくれることのうえに成り立つ信頼関係にほかなりません。

だからこそ、最初にお伝えしたように、お客さまがどちらのタイプなのか、見極めることが大切です。
「話しかけるな」というバリアを張っているお客さまには話しかけず、近づいてもよさそうな雰囲気を感じたお客さまには勇気を出して話しかけてみる。これを繰り返していきましょう。

信頼関係はすぐにできるものではありません。日々のやり取りの積み重ねがあってこそですから、しっかり顔を上げて働く中で、お客さまを理解する努力を続けましょう。

そして、もう1つ。お客さまから質問や依頼を受けたときには、まず返事です。とにかく、「はい、かしこまりました。少しお待ちいただけますでしょうか？」、この第一声をハッキリお伝えします。

即時に動き出していたとしても、その行動がお客さまに見えていないと、用事を頼んでいるのに放置してどこかへ行ってしまったと勘違いされたり、返事もしないで態度が悪いと思われたり、せっかく対応しているのに誤解が生じ、

もったいないです。笑顔で一言を発する価値を忘れないでくださいね。

> **Q10. 仕事ができすぎるスタッフをどう導けばよいですか**

A みんなのお手本になってもらいましょう

　ときどき、「仕事ができすぎるスタッフに手を焼いています」という相談を、店長から受けることがあります。「なんと贅沢な、仕事ができるスタッフなら、問題ないでしょう!?」と思いますよね。

　しかし、意外とこの問題で悩んでいるお店が多いのです。お店によってケースバイケースではありますが、事例を1つ紹介しましょう。

　催事で毎回毎回、大活躍するスタッフがいます。催事の予約を集めるのが得意なのですから、当然、通常の接客もとても上手で、非常に優秀なスタッフです。それ自体に問題はないのですが、何でもできすぎるがゆえに、ほかのスタッフに対して不満が生じてしまうことがあるのです。

「自分はこんなにやっているのに、どうしてできないの？」「ほかの人たちは、がんばりが足りないんじゃないの？」と、イライラ不満が募ってしまうと、周りのスタッフにもその気持ちは伝わっていきます。すると、お店のチームワークが崩れてしまうのです。

お店のチームワークが乱れるのは困りますが、そのスタッフに悪気があるわけではありません。ほかのスタッフたちもがんばっていることを知っている店長は、どうすればよいのか頭を抱えてしまいます。

もし、そういうスタッフがいたら、「ほかの仲間があなたと同じくらいできるように、あなたのやり方を教えてあげて！」とお願いしてみましょう。

それだけ予約を集められる優秀なスタッフです。ぜひ全員のお手本になってもらうのです。「あなたの仕事ぶりが素晴らしいから、みんなのお手本として、教えてあげてほしい」と言われたら、悪い気はしないですよね。

仕事が苦手なスタッフをフォローしてもらい、一緒にやることで、ほかのスタッフはそのスキルを学ぶことができます。優秀なスタッフも、みんなにとって何が難しいのか、何ができないのかを理解することができるはずです。

「どうしてできないのか」から入ると、それが不満へつながっていきます。そうではなく、「どうすればみんなができるようになるか」を考えてもらうように導いていけばよいのです。

併せて、「あなたは影響力の強い人」であることも知ってもらいましょう。特に、新人スタッフにとって、萎縮させる存在ではなく、憧れの対象になってほしいことを伝えましょう。

　店長が旗振り役となって、「みんなで一緒にやっていこう」「〇〇さんを真似して、みんなでスキルアップしよう」と目標を定め、全員の協力体制をつくります。その結果、個人のスキルアップとお店のチームワーク、双方を実現できるでしょう。

　もちろん、歩み寄ってくれた優秀なスタッフには、みんなが参加できたことに対する称賛を忘れないでくださいね。

> ローソンで本当にあった話

得意を活かして働く
シニアクルーたちの物語

　ローソンでは、60歳を過ぎたシニアクルーもたくさん活躍しています。70歳前後の方もいらっしゃいます。

　もちろん体力面では若いクルーにかないません。しかし、年齢を重ねた人のほうが、気働きができるというのもまた事実です。

　さらに言えば、お客さまと接する仕事においては、彼らの深い人生経験や地域性が活かされます。

　たとえば、長年暮らしている自宅近所のローソンでシニアクルーが働いていると、顔見知りのお客さまが当然多くなり、「あら、みっちゃん最近どうしてた？」など、お客さまと声をかけ合う場面もしばしば起こります。

　一部の店舗では、シフトにおいても仕事内容においても、シニアクルーだからこそ発揮できる能力を活かしてもらえるように工夫しています。

　たとえば、いつも忙しいあるお店では、店舗内の掃除がなかなか時間中にやりきれないので、朝の6時に1時間だけシニアクルーに出勤してもらい、掃除をお願いしています。そのシニアクルーの手にかかれば、入り口からフロアから棚

からトイレまで、あっという間にピカピカになるそうです。

また別のお店では店内に厨房があり、かつサンドやおにぎりをつくって販売しているのですが、そこでは厨房の仕事だけを担当するシニアの女性クルーたちが活躍しています。彼女たちの勤務時間は１日３時間のみ。レジ打ちはしません。

でも、厨房の中では、すごいのです。衛生に細心まで気を配るのは当然ながら、つくる料理は見た目にもキレイで美味しそう！　どの商品も真心こめて毎日つくってくれます。愛する家族のために数え切れないほどおにぎりを握り、料理をつくってきたお母さんですから、大の得意分野なのです。

シニアクルーの中には、老眼だったり、耳が少し遠い人ももちろんいます。でも、それは人間として普通のこと。必要ならほかのクルーが大きな文字で書いてあげたり、お互いに気配りして補い合えばいいのです。それぞれが役割を分担すれば問題ありません。

掃除や厨房の仕事を担当するクルーのように、レジ業務をせず、専門の仕事を持っているシニアクルーは少なくありません。レジ打ちは細かい仕事なので、慣れないシニアクルーにとっては避けたいでしょう。

ですが、世の中の進歩を考えれば、レジのような機械作業はいつまでもあるとは思えません。技術が進み、カゴごとポンと乗せるだけでお買い上げの計算が瞬時に終わってしまうようなシステムも登場しています。日本は高齢化によって働く人の年齢もどんどん上限が上がっていくはずなので、小難

しい会計作業は簡素化する方向へ進むと思います。

そうなるとコンビニは、シニアにとってより働きやすい場になります。シニアのみなさまが元気に売場に立ってくださる姿を思い描き、早くそうなるとよいなと私は願っています。

もしレジ打ちが完全に機械化される日が来るとしたら、むしろ人と人のふれあいである接客の仕事は、より重要視されていくのではないでしょうか。社会で核家族化が進めば進むほど、1人世帯が増えれば増えるほど、人は人を必要とすると思います。お客さまの状況に寄り添う接客は、どんなに優秀な機械にもできないでしょう。

シニアのみなさまは、それぞれ人生経験が豊かで何かしら得意分野があり、人と接することにおいて百戦錬磨だと私は感じています。ですからシニアクルーが秘める可能性はとても大きいのです。

ご本人にとっても、お客さまから「ありがとうございます」「助かります」と言っていただけるのはすごく嬉しいはずです。お役に立っていると実感できたとき、人のやる気はもっとも高まると思うからです。

ここで言う報酬は、人に感謝してもらい、自分の存在価値を感じられるという、お金に換えられない体験です。

レジ打ちは苦手でも、人に接するのが上手で、得意分野を持っているシニアクルーに助けられている店舗があります。社会経験が長い分、オーナーや店長からの信頼もひときわ厚く、仲間の若いクルーたちから人生相談を受けるシニアク

ルーもいます。

　高齢化社会に伴い、日本の労働力不足の深刻化が問題視されていますが、社会の現場で自分の能力を発揮できるシニアはたくさんいらっしゃるはずです。

　ローソンで彼らが活躍できる場をもっと提供できればいいなと思います。そして、そのようなシニアクルーの存在が、ローソンをより魅力的に輝かせてくれると信じています。

Message

クルーさんってすごい。
ローソンでクルーさんやれたら
社会に出てどんな仕事だってできると思う。
そんなクルーさんが育つお店を切り盛りする
オーナーさん・店長さんって
さらにすごい。

清水 とみか（しみず・とみか）

株式会社ローソン運営本部「心のこもった接客担当」

東京海上日動火災保険株式会社に勤務後、株式会社ローソンに入社。2004年から現在のESおよびCS推進業務に携わる。「お客様のご満足はスタッフ一人ひとりの笑顔から！」、また「いろいろな声は吸い上げるものではなく、自ら聴きに行き、受け止めるもの！」が信条。社内専用ブログや社内テレビを立ち上げ、コミュニケーション活性化に努め、若い世代へ引き継ぐ。地味にコツコツ数多くの社員やフランチャイズのオーナー・店長・クルーのみなさまとの〝笑顔の橋渡し役〟として活躍中。

ローソン 1万3000店の結論！
元気スタッフの育て方

2018年3月28日　第1刷発行

著　者	清水とみか
発行者	長坂嘉昭
発行所	株式会社プレジデント社

〒102-8641 東京都千代田区平河町2-16-1
平河町森タワー 13F
http://president.jp　　http://str.president.co.jp/str/
電話　編集(03) 3237-3732
　　　販売(03) 3237-3731

編集協力	鮫島 敦　沖津彩乃（有限会社アトミック）
編　集	桂木栄一
販　売	高橋 徹　川井田美景　森田 巌　遠藤真知子　末吉秀樹
装　丁	秦 浩司 (hatagram)
イラスト	伊藤美樹
制　作	小池 哉
印刷・製本	図書印刷株式会社

©2018 Tomika Shimizu
ISBN978-4-8334-2271-0
Printed in Japan

落丁・乱丁本はおとりかえいたします。

プレジデント社〈稲盛和夫〉の本

活きる力

稲盛和夫 著／鹿児島大学 稲盛アカデミー 編

四六判上製／256ページ／定価（本体1600円＋税）

**母校の鹿児島大学に設立された
「稲盛アカデミー」にて
学生たちに熱く語った講演を再現。
稲盛和夫の熱中教室ライブ！**

現代の日本社会が、闘争心を育むのが
難しい状況にあるのなら、
若者は自らハングリー精神を
発揮せざるを得ない。
環境を求めなければならない。
恵まれた日常に決別し、
自ら困難を求める行動が必要です。
　　　　　──「まえがき」より

プレジデント社〈稲盛和夫〉の本

無私、利他

稲盛和夫 監修／プレジデント書籍編集部 編

四六判上製／208ページ／定価(本体1600円＋税)

「私もまた西郷のように、
無私、利他ということを
強く意識して生きてきました」

西郷隆盛の教え

薩摩の地に生まれた英雄を
稲盛和夫はどのように見ているのか

私は、「郷中教育」で西郷隆盛の人物像、
偉大な功績を体系的に学びました。
　──「第①部　稲盛和夫が語る「西郷隆盛」を
　　　読み解くキーワード」より

ローソン
1万3000店の結論!